Coup de crayon

Dessiner et peindre les PORTRAITS

Jean-Pierre Lamérand

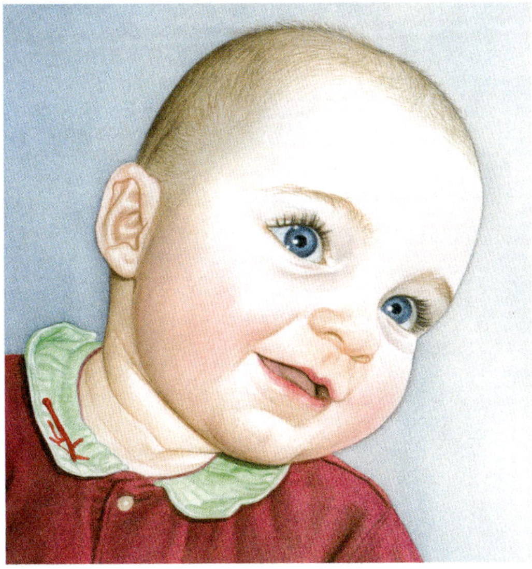

EDITIONS FLEURUS

Éditions Fleurus, 15-27, rue Moussorgski, 75018 Paris

Merci à tous mes modèles, à Violaine, Boris, Quentin
et au patient Guillaume qui m' ont bien encouragé.

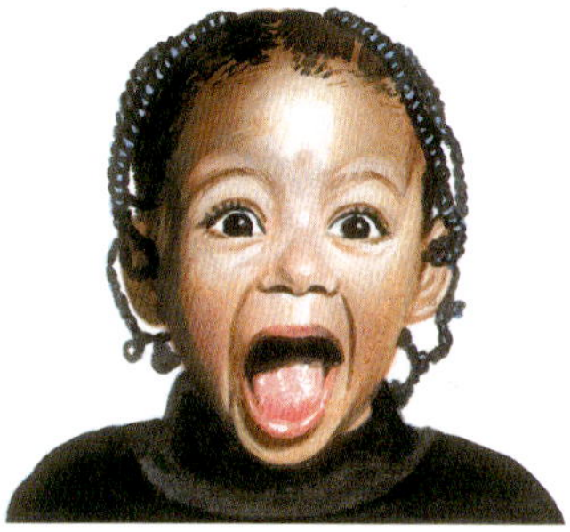

Auteur et illustrateur, **Jean-Pierre Lamérand** dessine depuis toujours. Autodidacte, il travaille pour l'édition et la publicité. Chaque nouveau projet lui fait explorer de nouveaux domaines artistiques. Il n'hésite pas à faire poser tous les membres de sa famille – y compris le chat ! – pour rendre ses dessins plus vivants. Il prépare actuellement une bande dessinée.

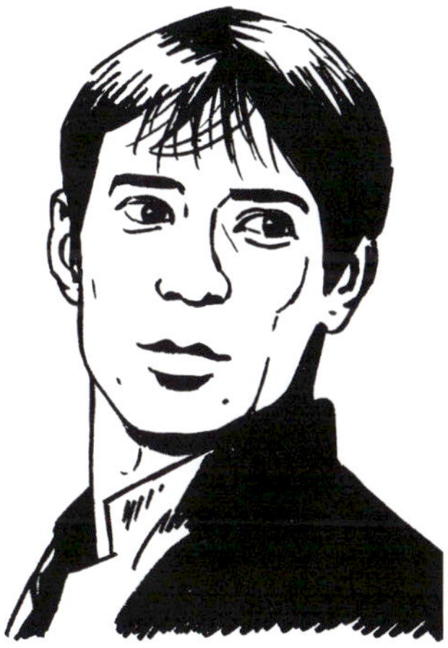

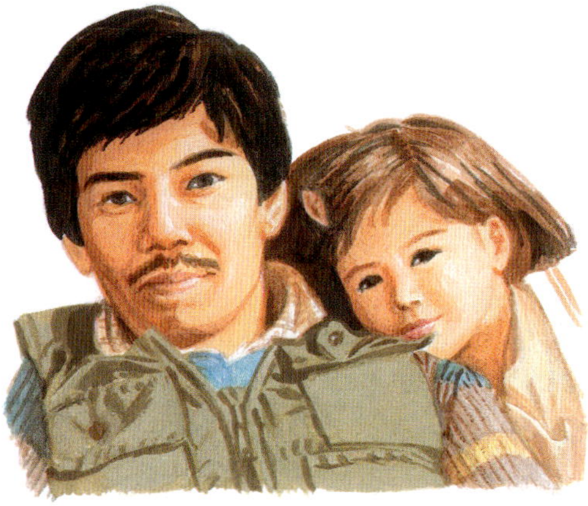

SOMMAIRE

Matériel et conseils

Les modèles

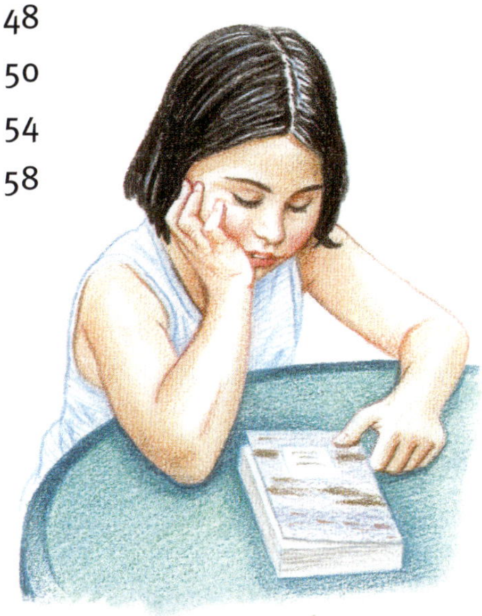

L'ABC DE LA COULEUR

POUR DESSINER OU PEINDRE UN PORTRAIT, TOUTES LES TECHNIQUES SONT BONNES : GOUACHE, AQUARELLE, FEUTRE OU CRAYON DE COULEUR. **A** VOUS DE TROUVER L'OUTIL QUI CORRESPOND LE MIEUX À VOTRE STYLE... ET AU CARACTÈRE DU PERSONNAGE QUE VOUS REPRÉSENTEZ !

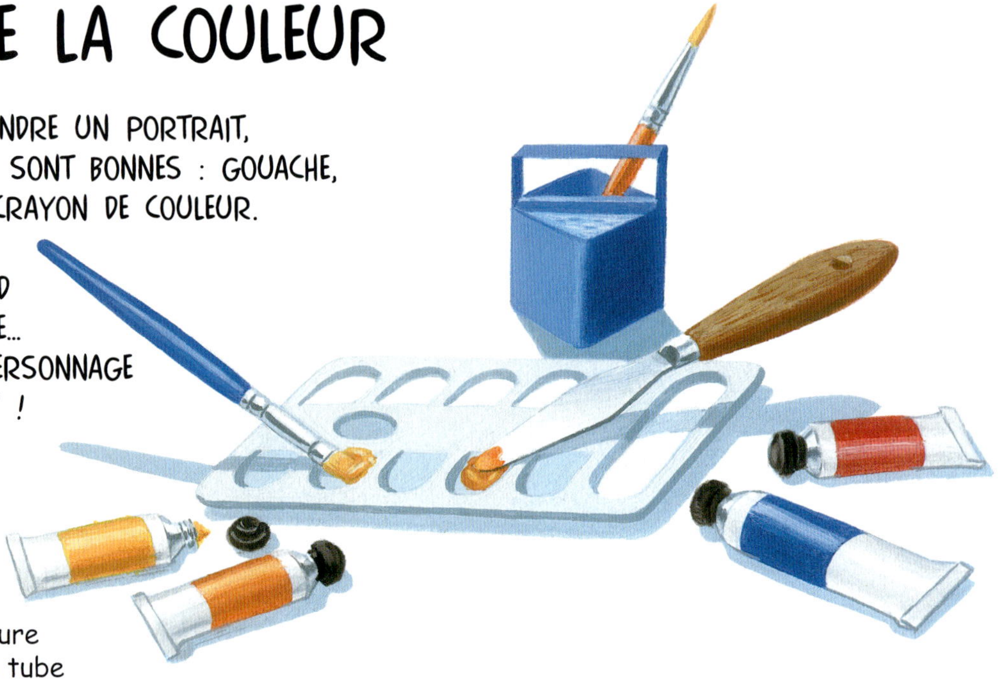

LA GOUACHE

La gouache est une peinture à l'eau qui se présente en tube ou en godet. Si vous optez pour la gouache en tube, vous aurez besoin d'une palette pour diluer vos couleurs. À l'aide du couteau à peindre, mélangez la gouache avec un peu d'eau afin d'obtenir une consistance crémeuse et homogène. Si vous créez une couleur par mélange, préparez-en suffisamment car il est difficile d'obtenir deux fois la même teinte. Choisissez un papier à dessin rigide et une sélection de pinceaux (brosses plates pour les aplats, pinceaux souples et fins pour les détails).

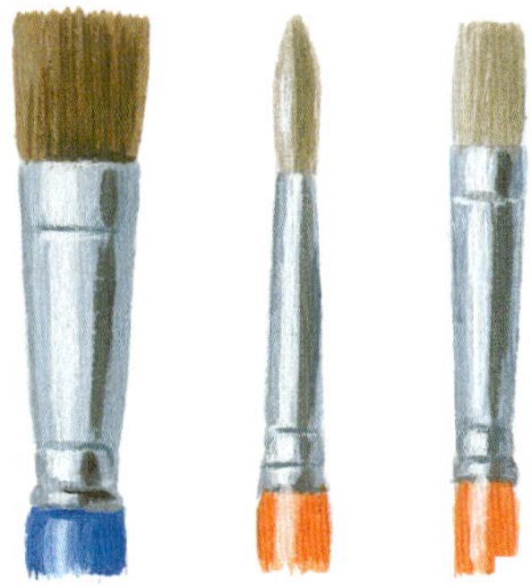

Ne laissez jamais tremper votre pinceau dans l'eau, les poils se courberaient.

Lorsque la gouache est très diluée, sa texture rappelle celle de l'aquarelle.

Opaque, la gouache permet des touches claires sur un fond foncé.

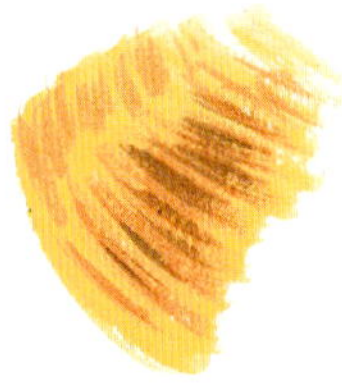

Pour peindre les reflets, posez un fond clair et revenez dessus par petites touches, en laissant une zone vierge.

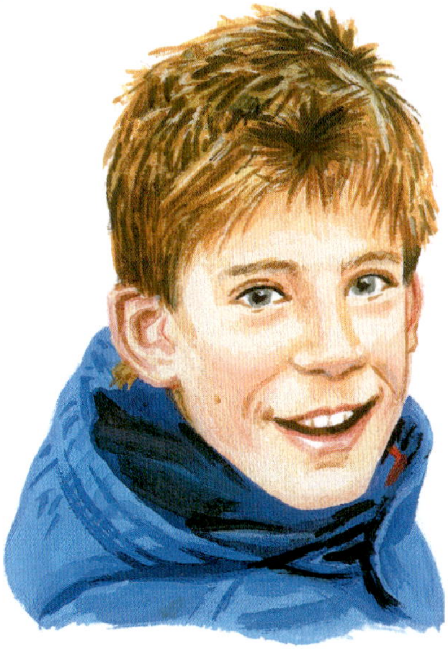

Portrait à la gouache.

L'AQUARELLE

Comme la gouache, l'aquarelle est une peinture à l'eau ; elle se présente en tube ou en pastille et se caractérise par sa fraîcheur et son éclat. Elle se travaille sur un papier spécial, avec des pinceaux divers : brosses rondes pour mouiller le support, petits-gris (qui retiennent bien l'eau) et pinceaux à pointe fine pour les détails.
Avant de commencer, mouillez totalement votre papier et laissez-le sécher. Il va se courber puis reprendra sa forme en séchant. Au besoin, aplatissez-le sous un gros livre.
Indiquez d'abord les grandes surfaces claires par des jus très dilués, puis posez les détails par couches successives. Le résultat dépend de l'humidité du support et de la charge du pinceau. Pour éclaircir une couleur encore humide, entraînez-la vers les zones sombres avec un pinceau propre ; rincez celui-ci, essuyez-le puis recommencez. Pour éclaircir une couleur sèche, trempez le papier à l'eau pure, puis tapotez avec un mouchoir en papier.

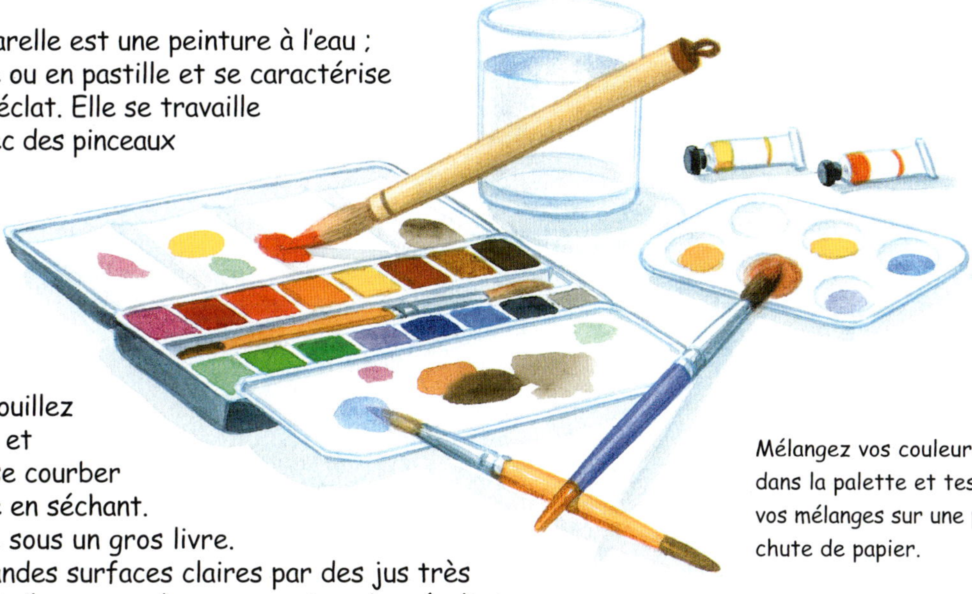

Mélangez vos couleurs dans la palette et testez vos mélanges sur une petite chute de papier.

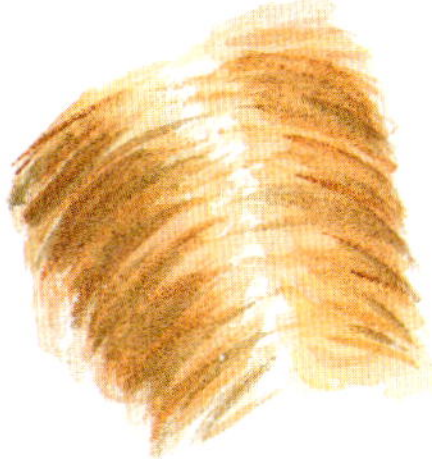

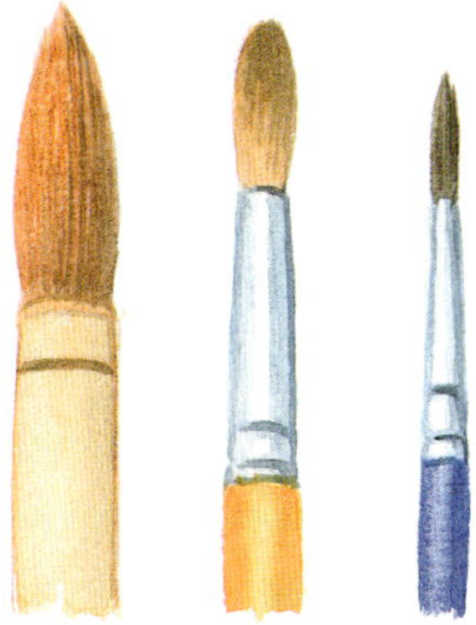

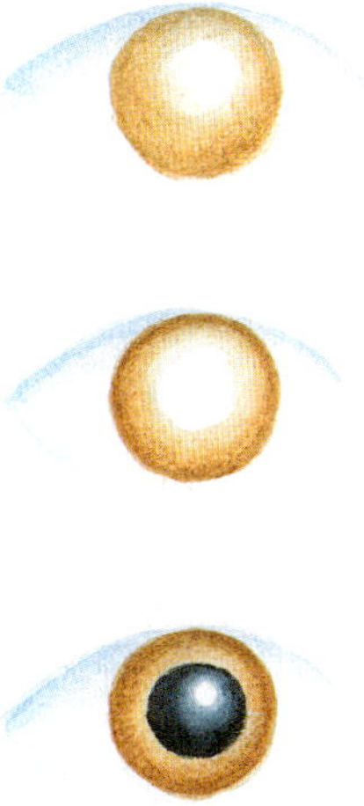

L'œil se peint par couches successives. Laissez une zone de papier blanc dans la pupille pour lui donner tout son éclat.

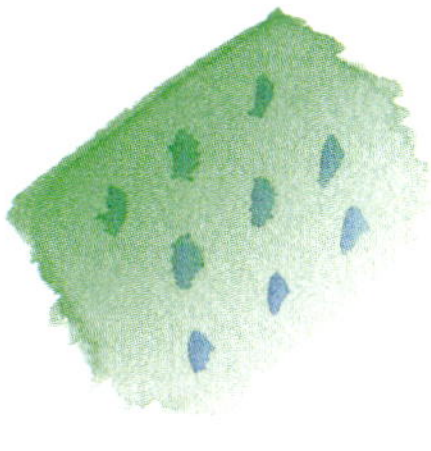

Taches sur fond mouillé de couleur.

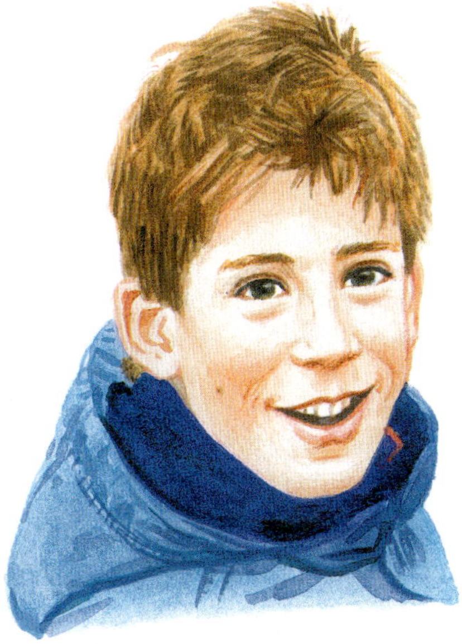

Portrait à l'aquarelle.

LE CRAYON DE COULEUR

Pour obtenir un bon résultat avec des crayons de couleur, soyez patient et précis. Choisissez un papier à grain et taillez bien vos crayons. Dessinez toujours dans le même sens et suivez les courbes en imaginant que votre crayon est posé sur le volume. Utilisez une gomme « mie de pain » pour enlever la poudre en excédent, puis une gomme blanche si nécessaire – à condition d'éviter les gestes brusques ! Employez le coin d'un mouchoir en papier ou un Coton-Tige pour estomper les couleurs. Pour faire un dégradé, travaillez avec légèreté puis appuyez de plus en plus au fur et à mesure que vous foncez la couleur. Cependant, n'appuyez pas trop si vous voulez revenir dessus. Fixez votre dessin avec du fixatif en bombe pour le conserver.

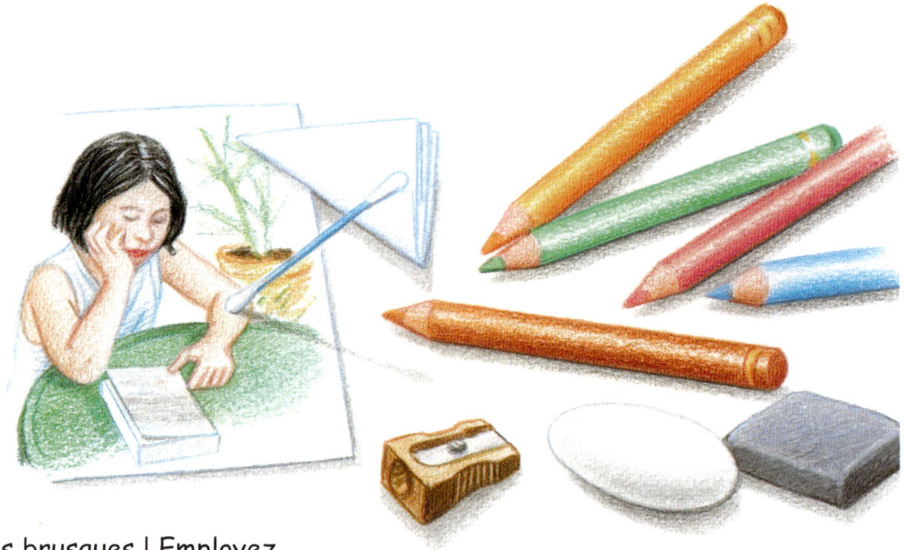

Voici la panoplie du parfait dessinateur !

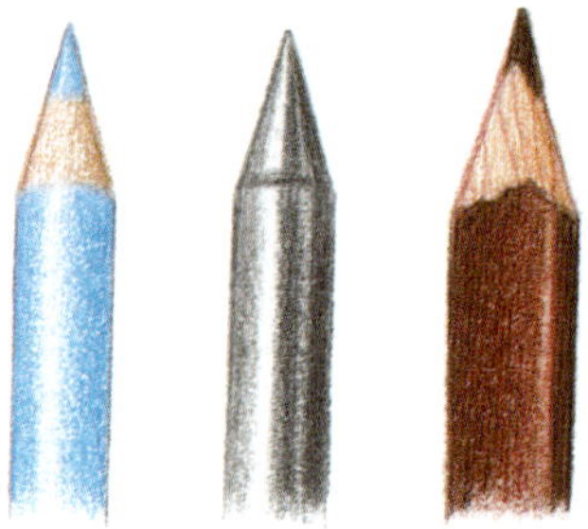

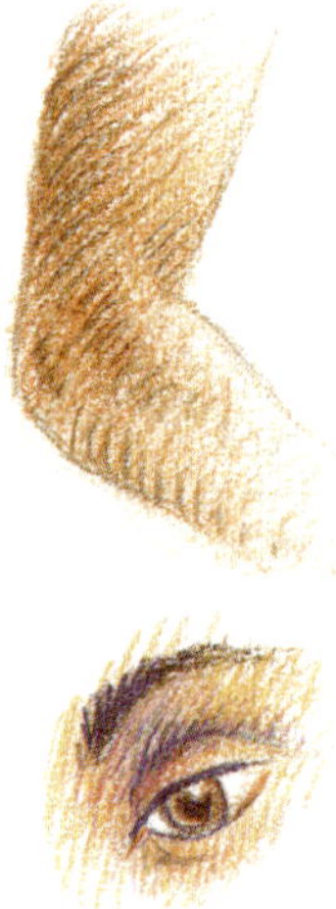

Vous pouvez aussi rendre un effet de volume par des hachures, en fonçant la couleur par superposition de couches colorées.

Dégradé adouci avec une estompe.

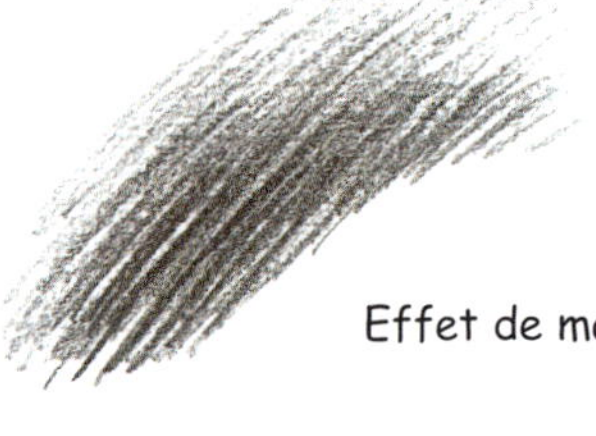

Effet de matière à la mine de plomb.

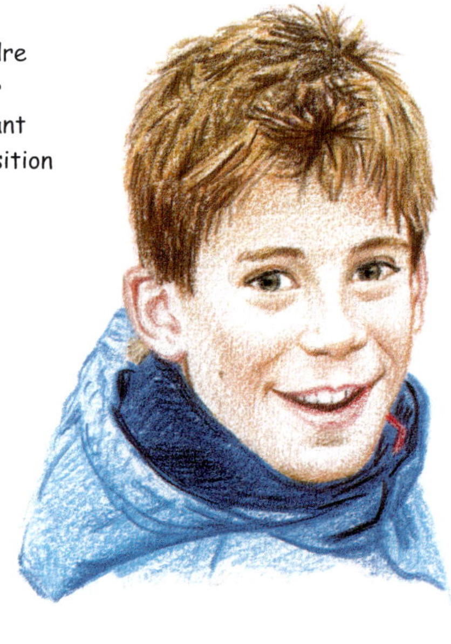

Portrait au crayon de couleur.

Le feutre

Il est préférable de travailler avec des feutres sur un papier très lisse (papier jet d'encre, bristol ou papier « lay-out »). Les stylos-feutres offrent une large gamme de couleurs permettant des dégradés.
Les feutres d'artiste ont quelquefois 2 ou 3 pointes (large, fine et extra-fine).
Ils sont pratiques et facilitent le travail, surtout pour les teintes chair. Les feutres à pointe large sont utiles pour les aplats, alors que les pointes fines et extra-fines servent aux détails et aux contours.
Travaillez toujours en juxtaposant des traits parallèles afin de ne pas surcharger la couleur. Gardez le même sens pour les aplats ; ne croisez les traits que pour les effets de hachure.
Superposez les teintes en plaçant en premier les teintes claires : vous risquez d'endommager le feutre en travaillant une couleur claire sur une partie foncée.

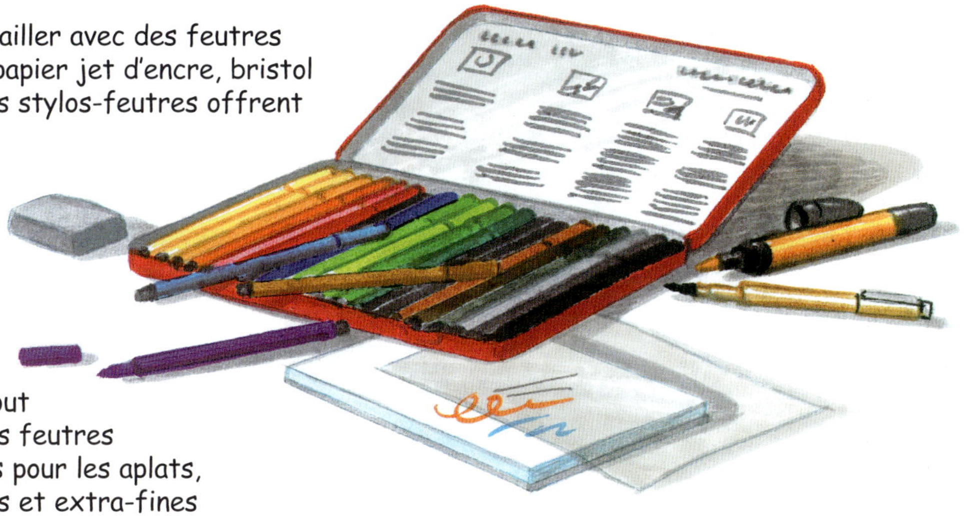

Panoplie du dessinateur au feutre.

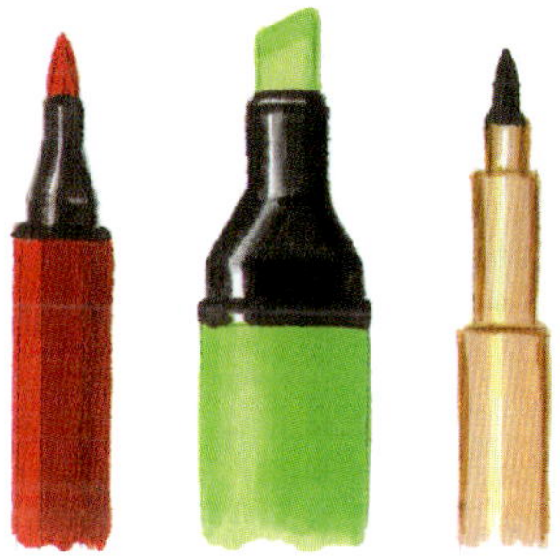

Dégradé obtenu en repassant plusieurs fois avec une pointe large.

Mouchetis réalisé avec deux pointes fines.

Dégradé obtenu avec une pointe fine, en posant d'abord une teinte claire puis une plus foncée.

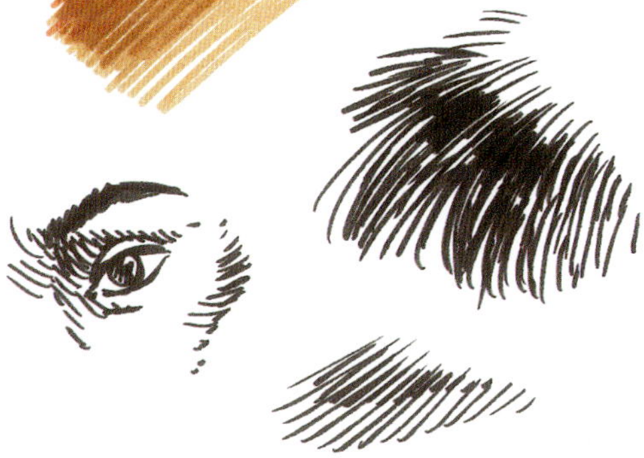

Hachure en noir en suivant les volumes et effet de reflet par superposition.

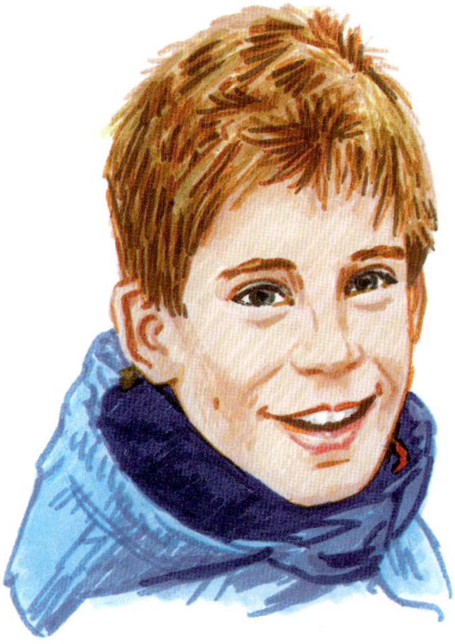

Portrait au feutre.

DESSINER UN PORTRAIT

LES DESSINS PRÉSENTÉS DANS CET OUVRAGE SONT RÉALISÉS D'APRÈS DES PHOTOGRAPHIES, MAIS N'HÉSITEZ PAS À VOUS EXERCER EN DESSINANT DES SCULPTURES, OU À FAIRE POSER DES MODÈLES AUTOUR DE VOUS. POUR ÉVITER QUE CES DERNIERS NE BOUGENT, DESSINEZ-LES EN TRAIN DE LIRE OU DE DORMIR. LA PHOTO, ELLE, A L'AVANTAGE DE FIGER DES EXPRESSIONS FUGITIVES ; DE SURCROÎT, VOTRE MODÈLE NE VOUS SUPPLIERA PAS D'ABRÉGER SES SOUFFRANCES... ALORS, À VOS APPAREILS OU À VOS ALBUMS !

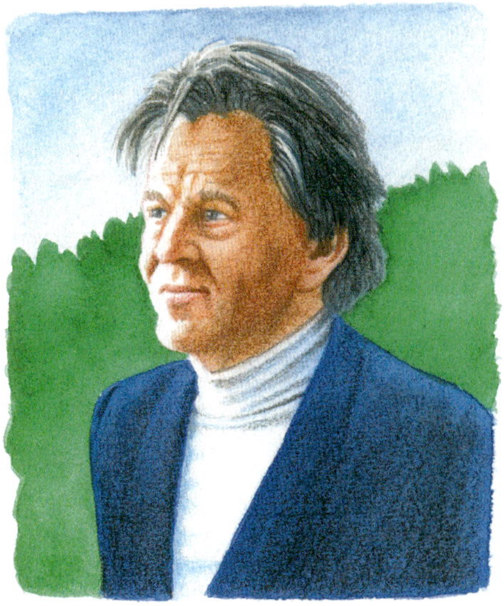

▲ Buste de trois-quarts.

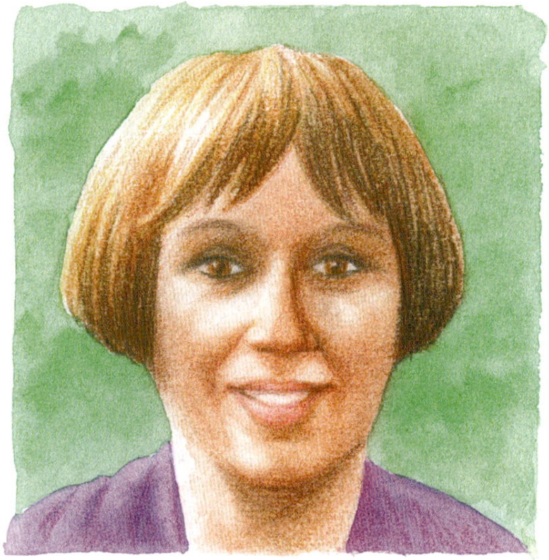

▲ Visage de face.

LE CADRAGE

Nous allons nous cantonner aux cadrages rapprochés, montrant soit des visages, soit des bustes. De manière générale, les personnages sont peints de face, de profil ou de trois-quarts. Ici, les cadrages serrés sur le visage mettent l'accent sur l'intensité du regard ou sur la découpe du profil ; le buste de trois-quarts fait plutôt référence à des portraits de la Renaissance. N'hésitez pas à recadrer votre sujet ou à changer le fond sur lequel il se détache. Pour faire un agrandissement de votre photo, utilisez la technique de la mise au carreau : posez un calque sur la photo, dessinez un quadrillage puis tracez des carreaux agrandis sur une feuille de papier et reconstituez les traits selon leur position par rapport au quadrillage.

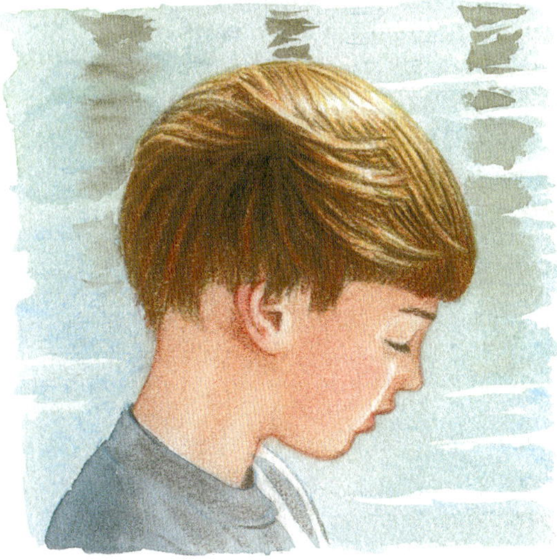

▲ Visage de profil.

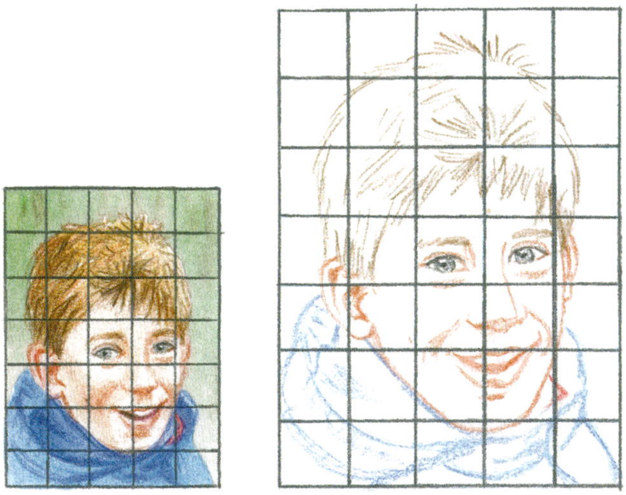

▲ Mise au carreau.

LA FORME DE LA TÊTE

Pour réussir un portrait, il faut respecter quelques règles de base : ne pas se concentrer dès le départ sur des détails, mais regarder plutôt le volume général de la tête. Bien sûr, les proportions diffèrent d'un individu à l'autre, mais on retrouve toujours plus ou moins les canons mis au point par les artistes de la Renaissance.

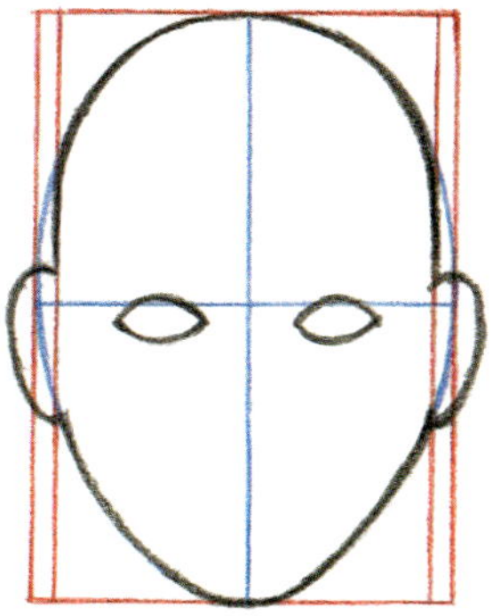

▲ Le volume du crâne ressemble à un œuf pointe en bas ; les yeux sont situés à peu près à mi-hauteur de la tête.

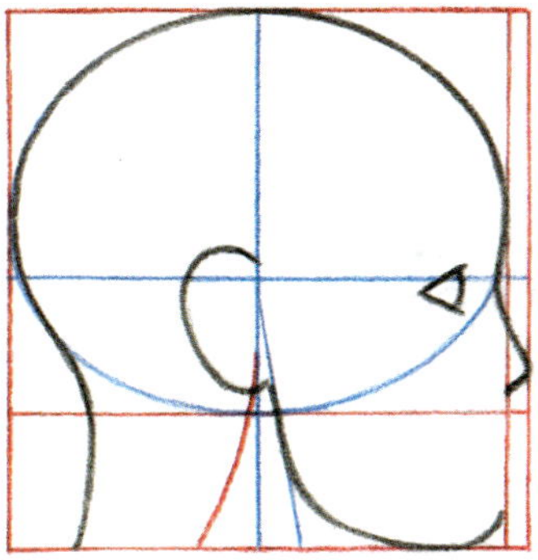

▲ De profil, le crâne s'inscrit dans un carré. L'oreille s'attache sur l'axe qui passe au milieu de la tête.

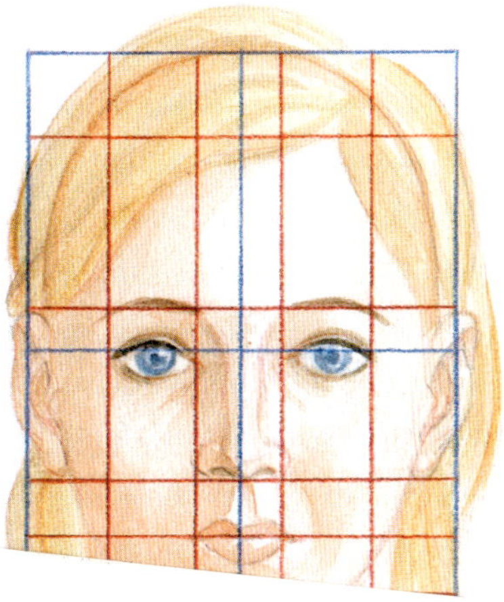

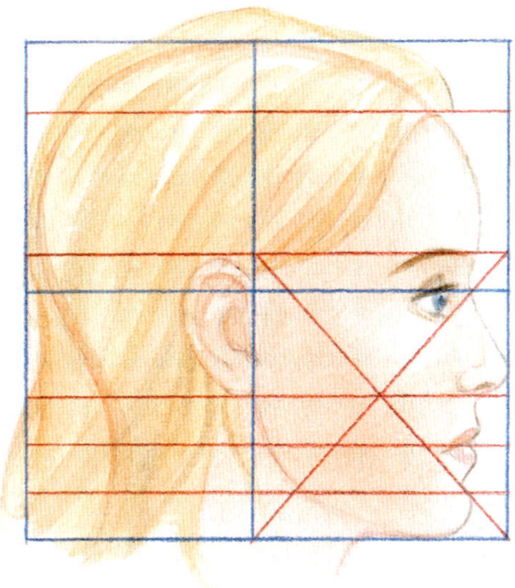

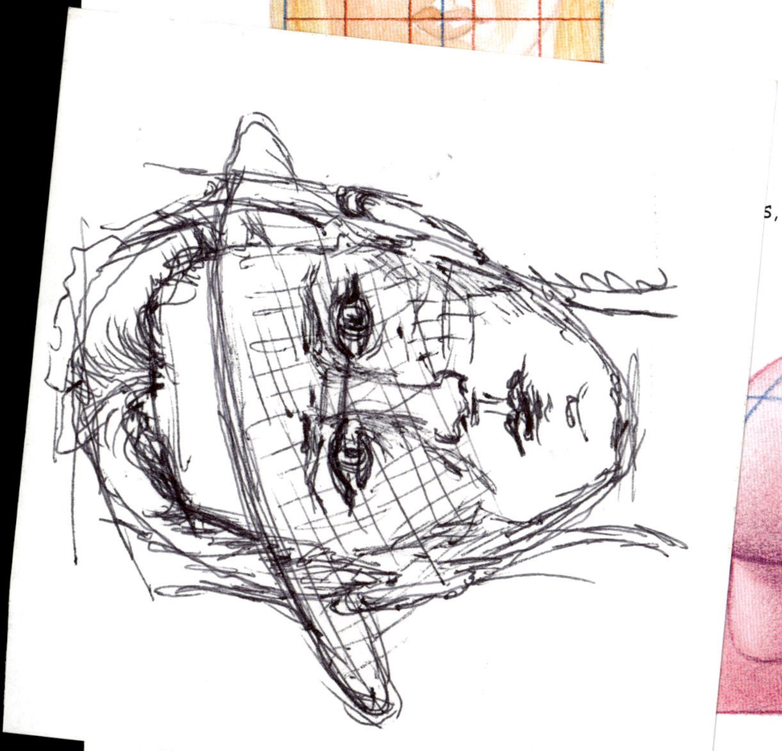

s,

▲ Les traits d'un visage n'occupent qu'une surface relativement réduite dans l'ensemble de la tête !

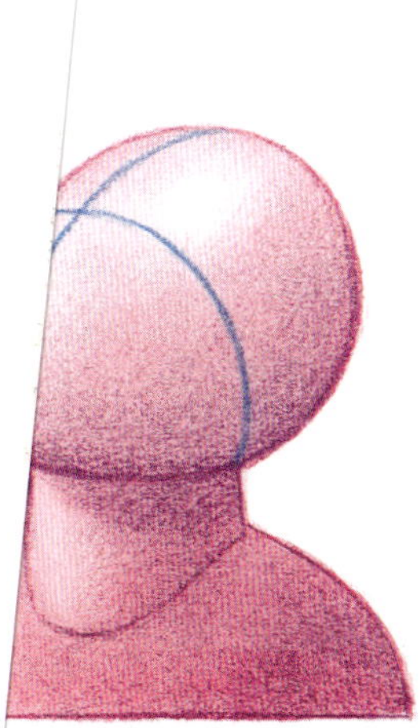

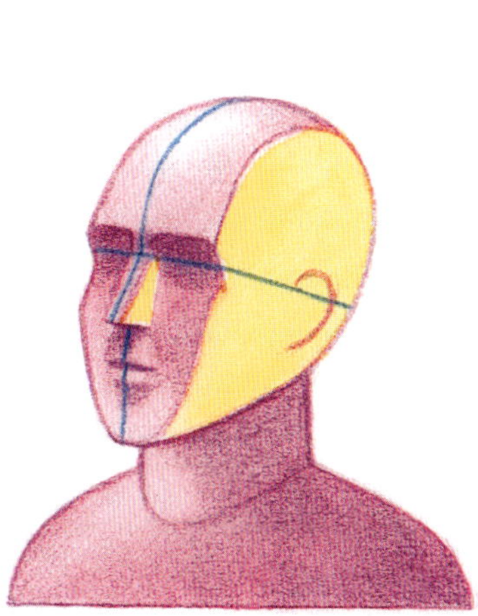

▲ Pour bien p… …age, il faut imaginer un œuf divisé en sections régulières. Faites-le bouger sur son axe : le jeu de la lumière fera plus ou moins ressortir les éléments en creux ou en saillie.

LES YEUX

Les yeux sont sans doute les éléments les plus reconnaissables d'un visage : on dit que ce sont « les fenêtres de l'âme ». C'est leur expressivité qui révélera l'humeur du personnage. Quelques traits suffisent à faire passer un individu du rire aux larmes ! Pour bien dessiner les yeux, il ne faut pas oublier que ce sont des sphères enfoncées dans des orbites concaves. Nous n'en voyons qu'une petite partie ! L'œil est encadré par l'os frontal qui le surplombe et la pommette située en dessous. Sa forme est particulièrement visible lorsque la paupière supérieure est baissée.

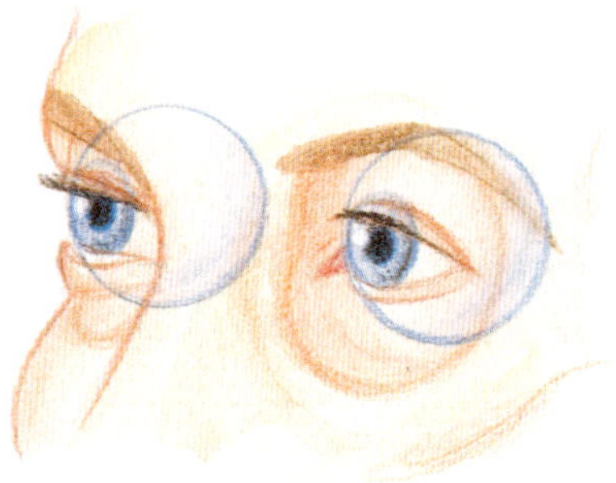

▲ Position des globes oculaires. Dans un portrait de trois-quarts, le nez cache partiellement un œil.

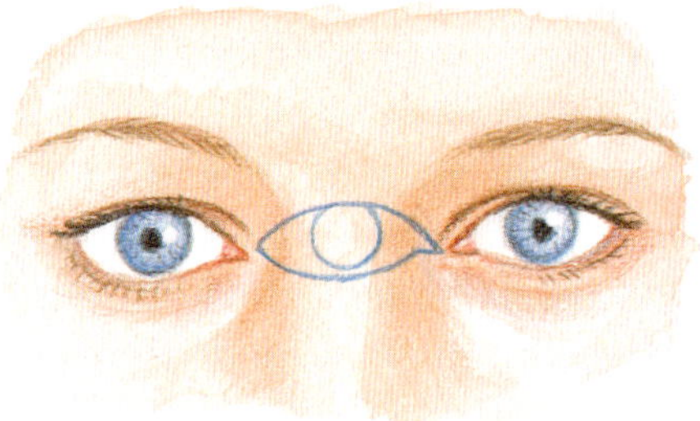

▶ La distance qui sépare les deux yeux est égale à un œil.

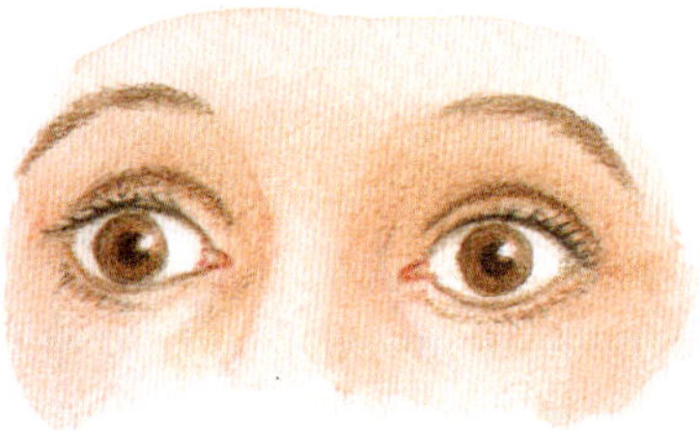

◀ L'étonnement : les yeux s'agrandissent, les sourcils se relèvent.

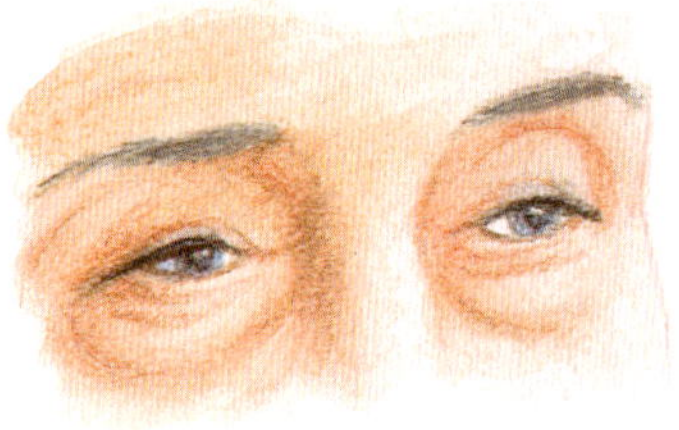

◀ Expression fatiguée d'une personne âgée.

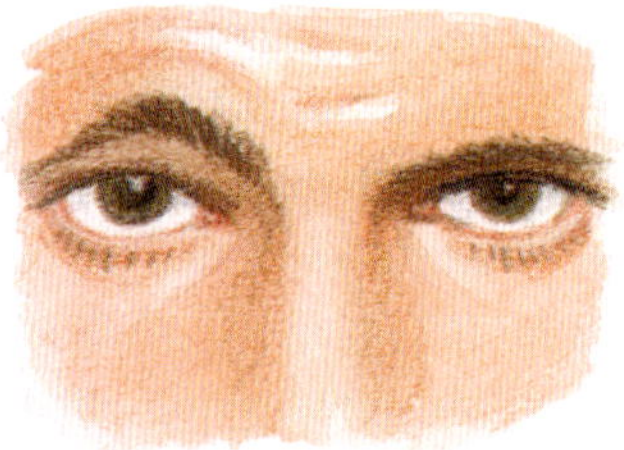

▶ La perplexité : les sourcils sont asymétriques.

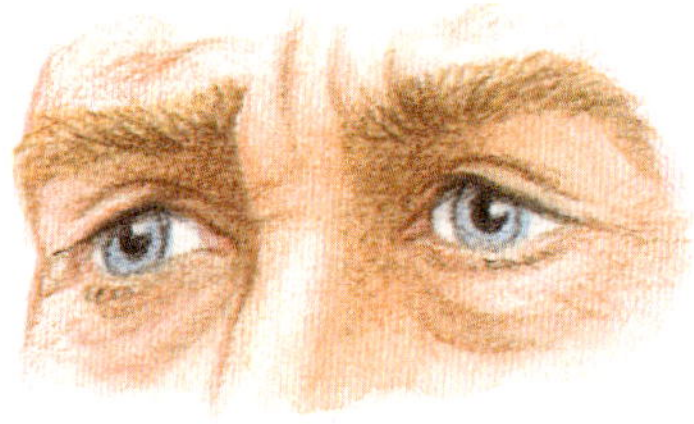

▶ Air soucieux : les sourcils sont froncés.

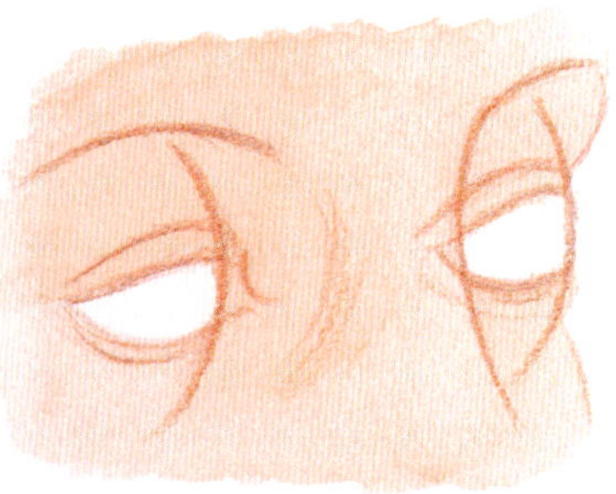

1 Esquisser légèrement les globes oculaires et dessiner les paupières qui les recouvrent.

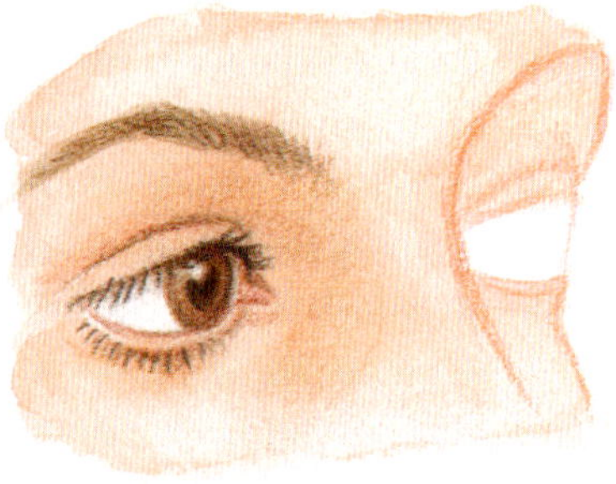

2 Placer les pupilles pour indiquer la direction du regard. Quel que soit l'angle, l'iris est toujours au centre de la pupille.

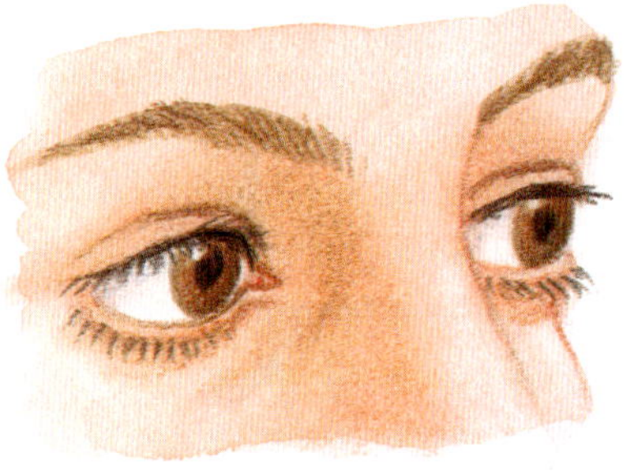

3 Terminer le dessin en laissant une partie blanche dans la pupille pour donner de l'éclat au regard.

LA BOUCHE

La bouche est l'élément le plus mobile du visage ; de ce fait, elle tient un très grand rôle dans l'expressivité. Elle peut être mince ou charnue, large ou étroite... Sa forme dépend surtout de la position des dents. Généralement, la lèvre supérieure est plus proéminente et moins ronde que la lèvre inférieure : c'est particulièrement visible dans les portraits de profil. Les rides d'expression entourant la bouche s'écartent lorsque le modèle sourit et s'affaissent lorsqu'il est triste.

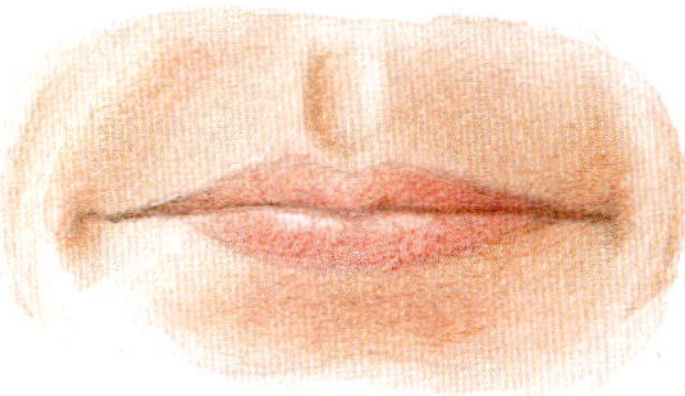

◀ La ligne des lèvres minces est presque droite.

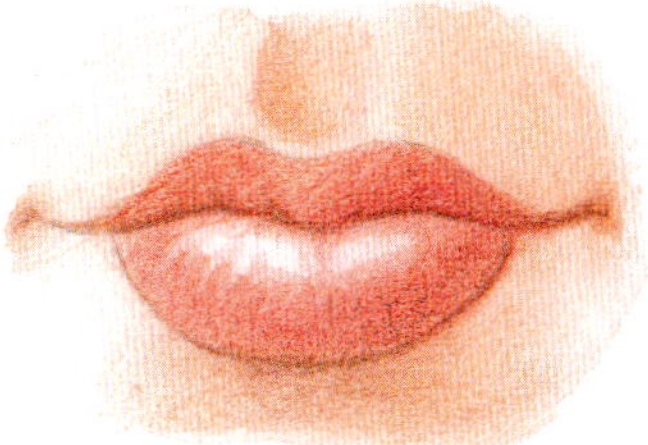

La ligne des lèvres charnues est ondulée. ▶

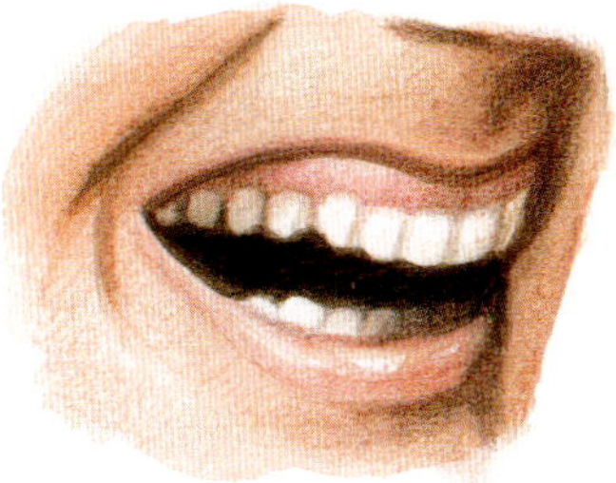

▲ En riant, certaines personnes découvrent leurs gencives.

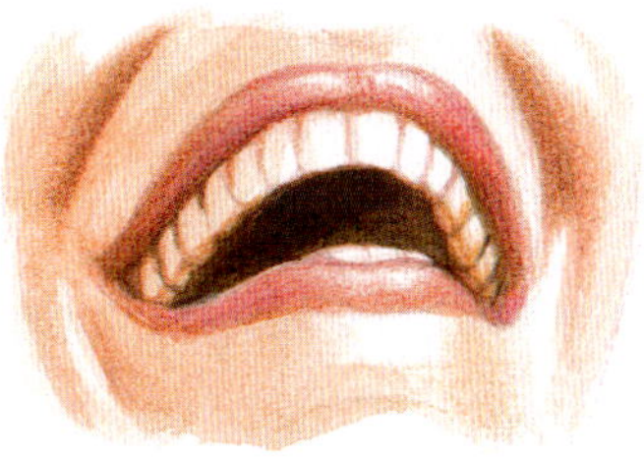

▲ Cette vue en contre-plongée montre la courbure de la mâchoire.

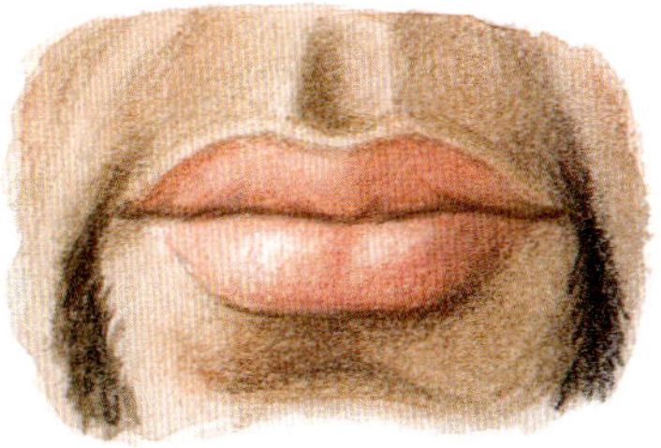

▲ L'épaisseur des lèvres varie selon les individus.

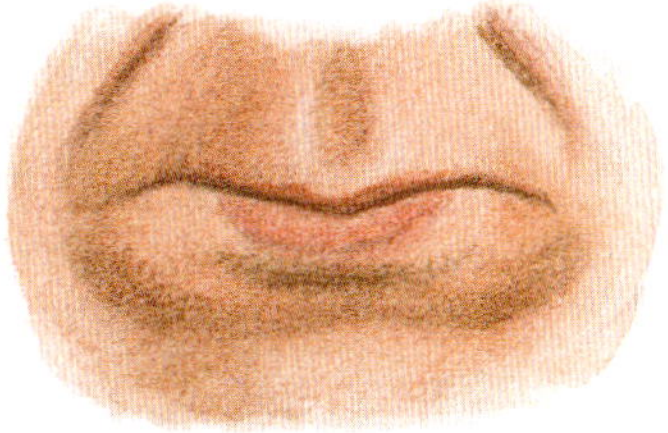

▲ Les commissures tombantes dessinent un rictus de dégoût.

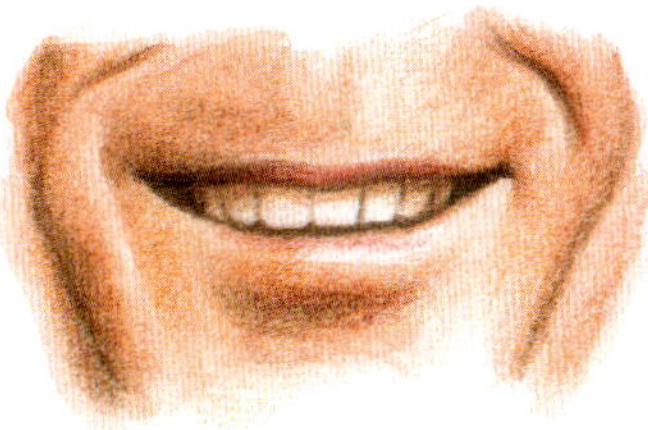

▲ Les larges plis des joues soulignent ce sourire.

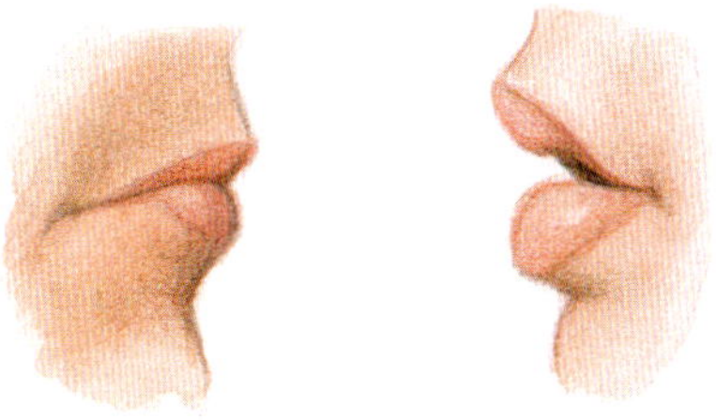

▲ De profil, la lèvre supérieure surplombe la lèvre inférieure.

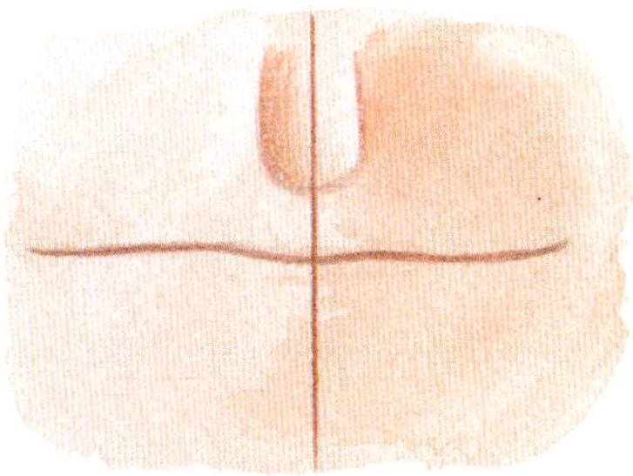

1 Tracer les axes de la bouche, la gouttière naso-labiale (le creux sous le nez) et la ligne des lèvres.

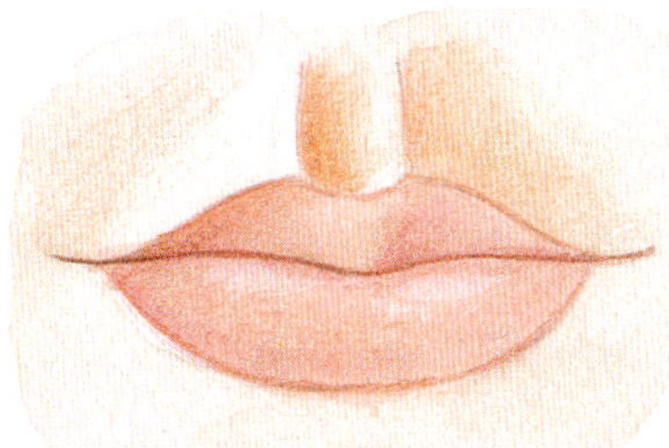

2 Dessiner la courbe des lèvres et placer les reflets.

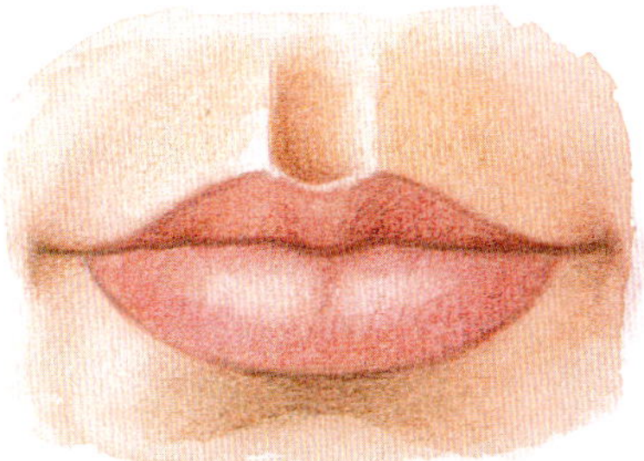

3 Densifier les couleurs pour marquer les volumes. Ajouter les rides d'expression.

LE NEZ

Si le nez donne au visage son caractère, il présente quantité d'aspects suivant les individus. Comme c'est l'élément le plus saillant du visage, le nez se dessine différemment selon la position du modèle.

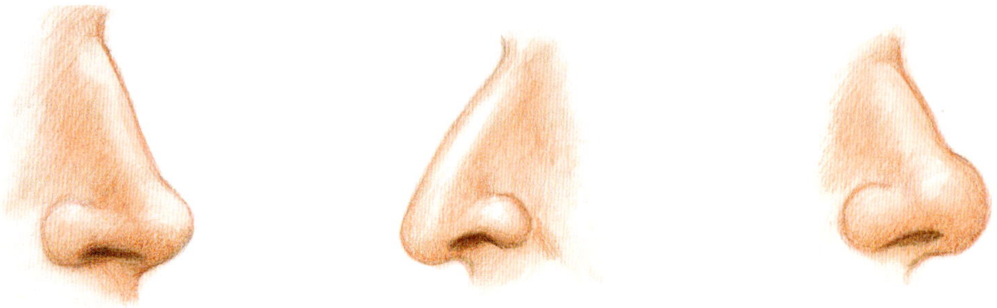

▲ Voici trois profils de nez : droit et pointu, busqué ou aquilin, épaté... On peut varier à l'infini !

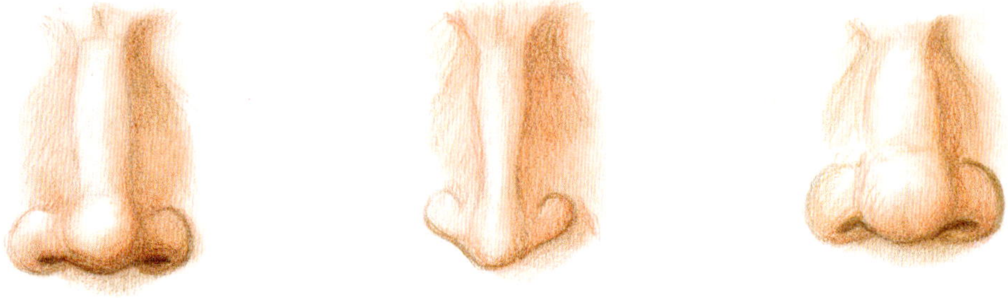

▲ De face, c'est la hauteur des narines qui détermine la forme du nez : les narines sont alignées avec le bout du nez droit, plus hautes que le bout du nez aquilin, évasées autour de la large arête du nez épaté.

LES OREILLES

Pour bien dessiner les oreilles, observez leur structure. Le bord extérieur ou hélix se termine en bas par le lobe ; suit un creux en gouttière, puis un autre rebord ou anthélix qui entoure le large creux de l'oreille qui s'appelle la conque.

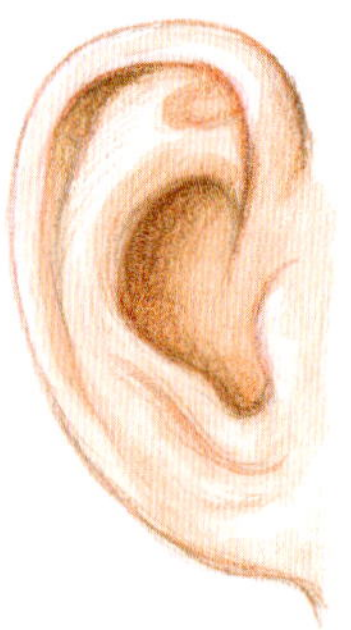

▲ L'hélix de cette oreille est aplati au sommet et le lobe a disparu.

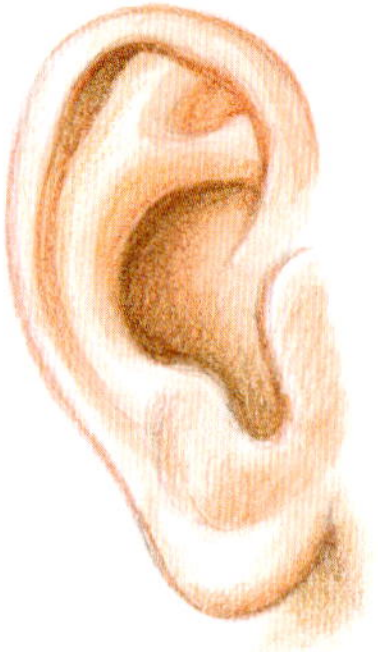

▲ L'hélix est pointu, la conque plus importante et le lobe charnu.

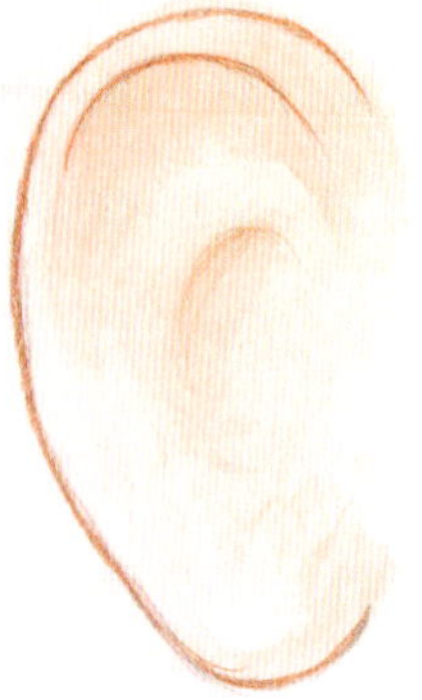

1 Dessiner le contour extérieur de l'oreille.

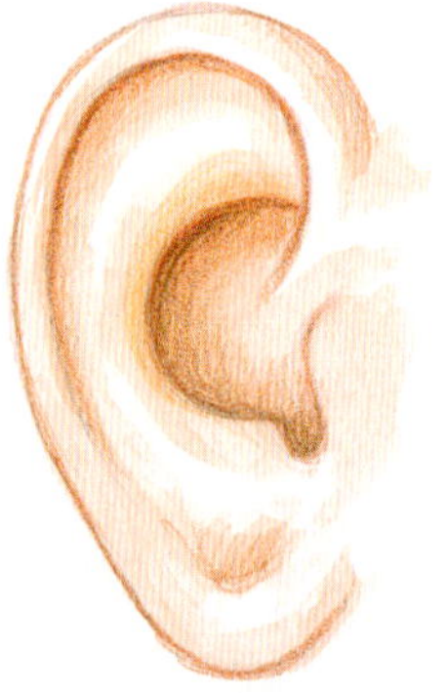

2 Continuer avec la gouttière qui prend naissance dans la conque.

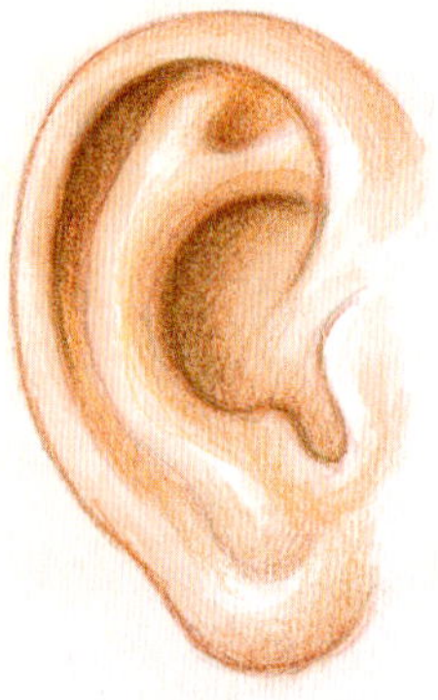

3 Ajouter les creux et bosses annexes et placer les ombres.

LES CHEVEUX

Inutile de dessiner les cheveux un par un ! L'important est de bien saisir la forme de l'ensemble. Suivant la technique utilisée, les détails seront plus ou moins nécessaires.

▶ Les cheveux lisses accrochent la lumière un peu comme une surface métallique.

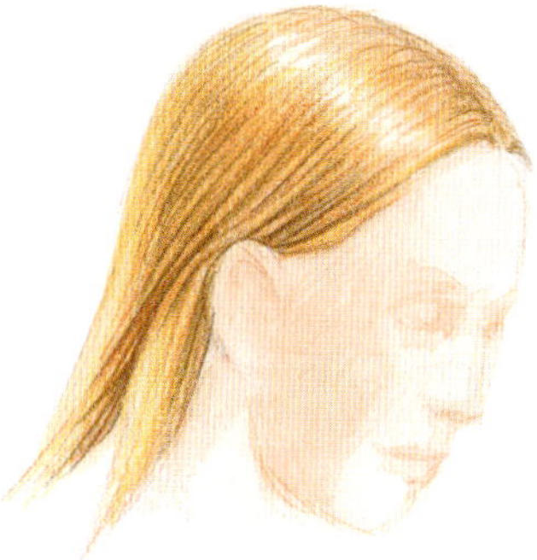

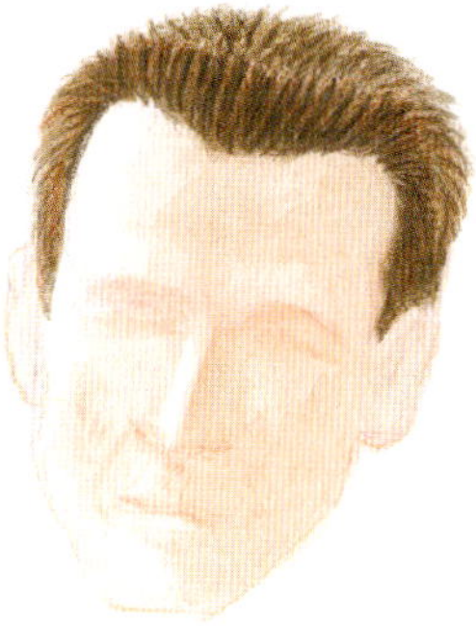

▲ Cette brosse courte suit la courbe du crâne.

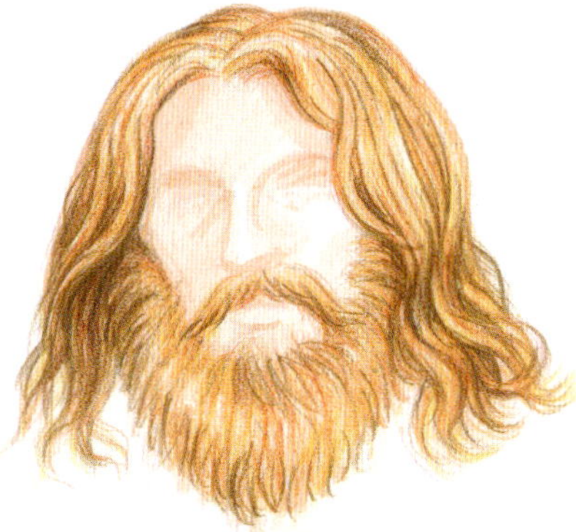

▲ Il est difficile de retrouver la forme de la tête sous des cheveux ondulés. Les reflets suivent les mèches principales.

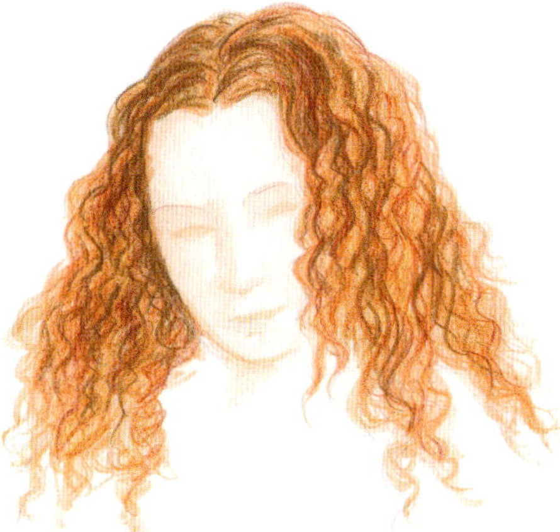

▲ La lumière s'éparpille dans les ondulations de cette chevelure frisée. Marquez bien la racine qui ancre les cheveux dans la tête.

LA CARNATION

Il existe une infinie variété de couleurs de peau, du rose le plus clair au brun le plus sombre en passant par toute la gamme des ocres. Les peaux claires montrent des variations dues à la circulation sanguine ; les peaux sombres reflètent davantage la lumière. Parfois aussi, c'est l'éclairage ou l'environnement qui change la couleur de la peau. Dans tous les cas, ne ternissez pas vos couleurs avec du noir, mais jouez des contrastes entre les parties claires et les parties sombres. Les ombres sont toujours colorées par la complémentaire de la couleur claire.

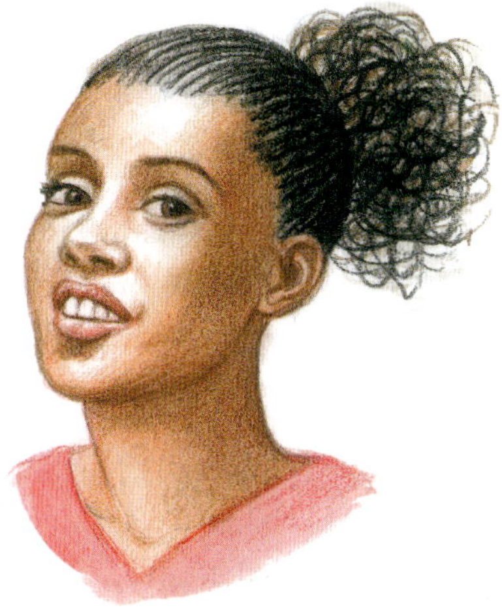

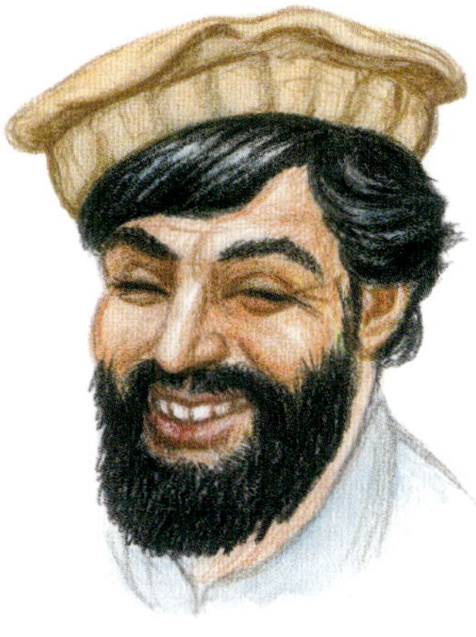

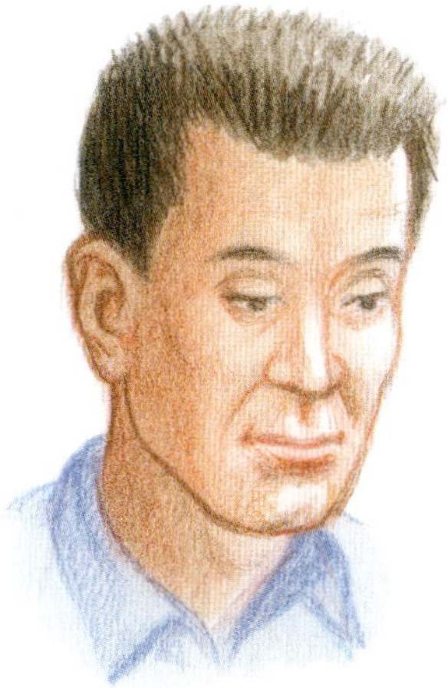

AUTOPORTRAIT

LA PREMIÈRE RÈGLE, C'EST LA DÉCONTRACTION. IL FAUT QUE VOTRE INSTALLATION VOUS PERMETTE DE TRAVAILLER SANS ATTRAPER DES CRAMPES ! PAR CONSÉQUENT, VOTRE MIROIR DOIT ÊTRE ORIENTÉ DE FAÇON QUE VOUS Y VOYIEZ VOTRE VISAGE ET QUE VOUS PUISSIEZ AUSSI REGARDER VOTRE FEUILLE SANS BOUGER LA TÊTE. POUR CELA, IL VAUT MIEUX SOUTENIR VOTRE BLOC DE PAPIER OU POSER VOTRE FEUILLE SUR UN PLAN INCLINÉ.

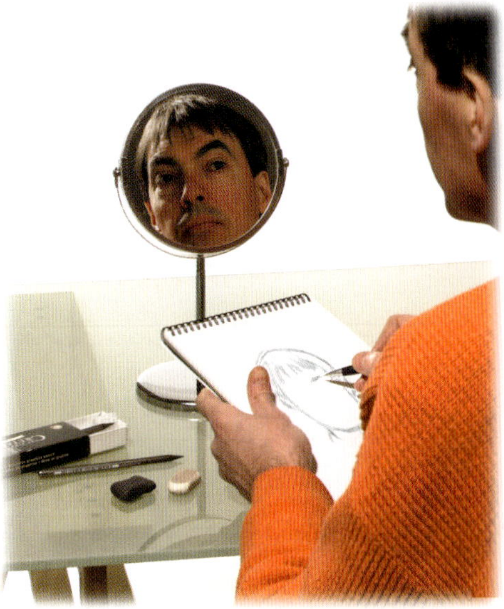

1 ▶

Pour relever les proportions du visage, tenir le crayon à bout de bras et choisir une mesure comme étalon, par exemple la longueur du nez, puis comparer toutes les autres mesures à celle-ci.

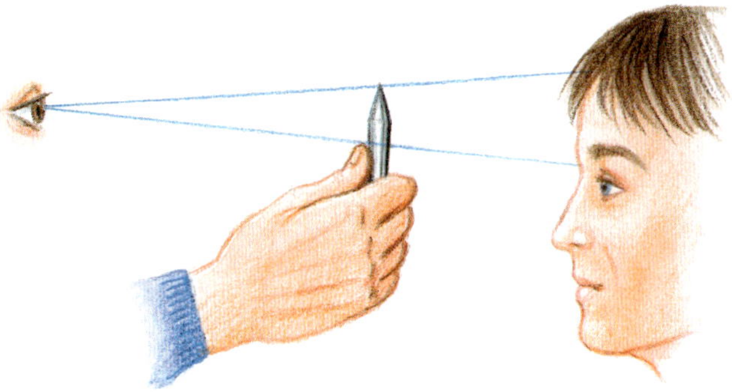

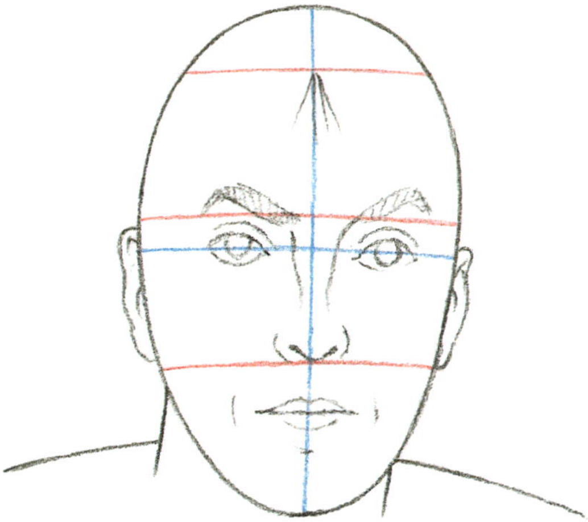

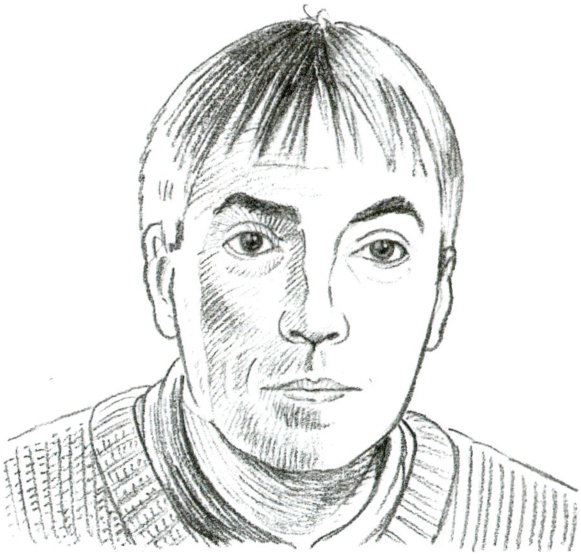

▲ 2

Tracer l'ovale du visage. À partir de la racine des cheveux, diviser le visage en trois parties égales : elles serviront de repère pour poser les yeux, la base du nez, les oreilles.

▲ 3

Effacer les lignes de construction, affiner les traits puis commencer à poser les ombres.

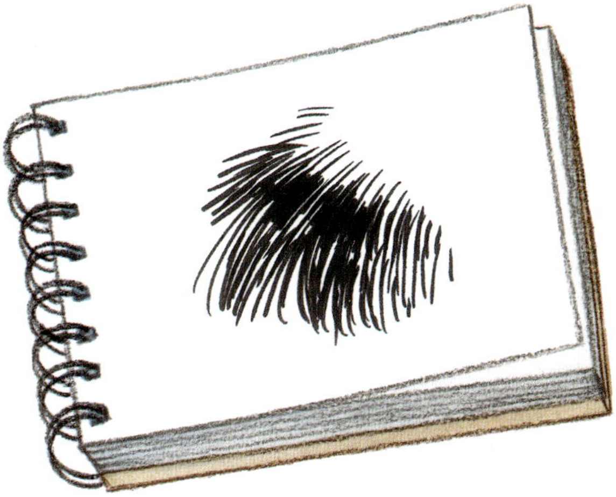

MATÉRIEL

● Papier à dessin ● Crayons HB et 2B ● Gomme.

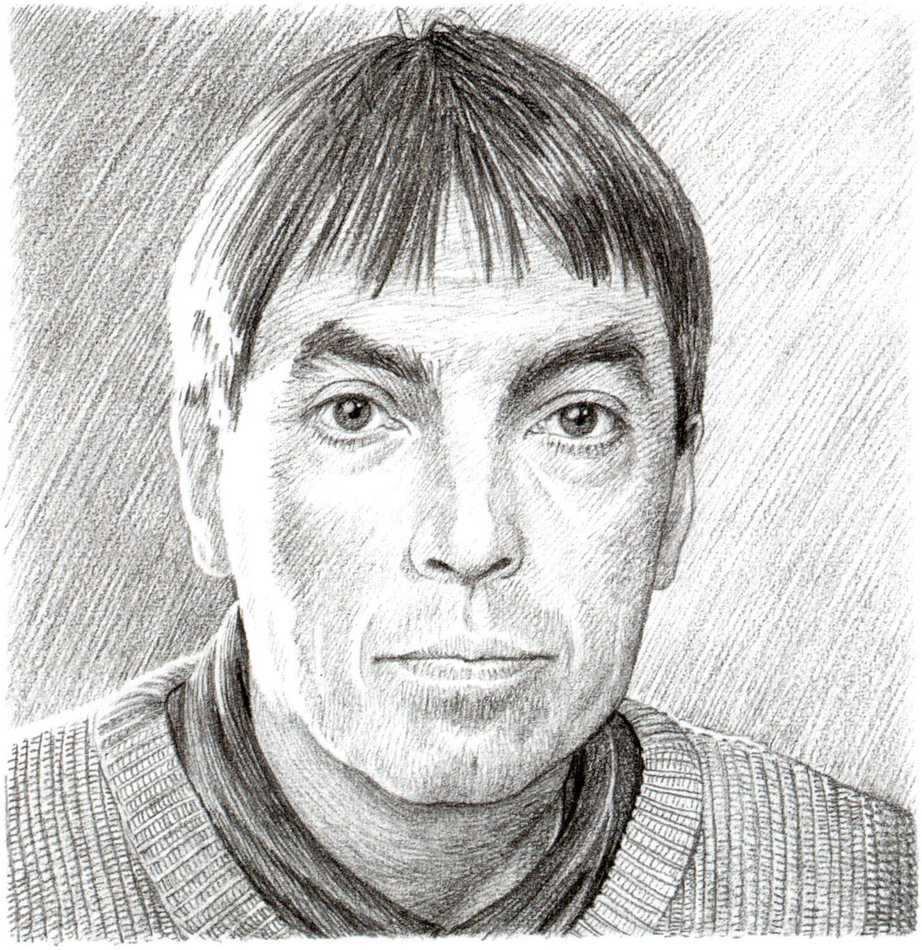

▲ 4 Composition finale.

L'intérêt de l'éclairage de ce portrait réside dans le contraste qu'il crée entre le côté gauche, très blanc, et les ombres du visage et du fond. Hachurer en suivant les courbes (observer la façon dont elles tournent autour de l'œil). Travailler les matières de la chemise et du pull. Fixer le tout avec une bombe de fixatif, en prenant garde de ne pas l'inhaler.

JEUNE FILLE DE PROFIL

CETTE JEUNE FILLE A DES TRAITS TRÈS FINS QUI SE DÉTACHENT SUR L'ARRIÈRE-PLAN ; L'AVANTAGE DU PROFIL, C'EST QUE SON CONTOUR EST LISIBLE. LA DIFFICULTÉ RÉSIDE DANS LA POSITION DE L'ŒIL : RESPECTEZ BIEN SA DISTANCE PAR RAPPORT AU CREUX DU NEZ ; ON A TOUJOURS TENDANCE À LE PLACER TROP PRÈS.

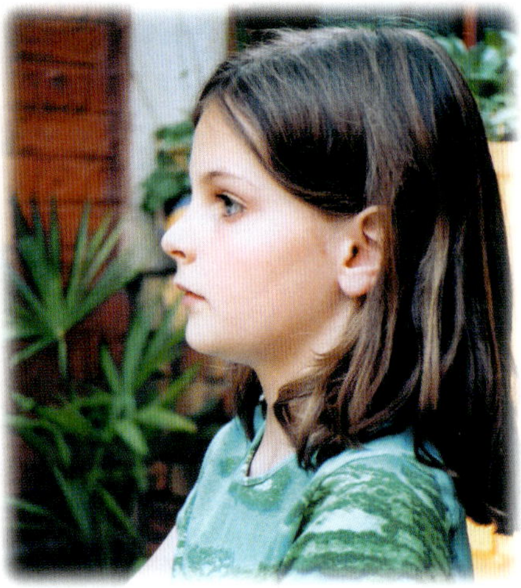

1 ▶

La tête s'inscrit dans un carré : dessiner un ovale de la largeur de ce carré, et d'une hauteur égale aux trois-quarts du carré. Placer l'axe du cou et la courbe de la nuque.

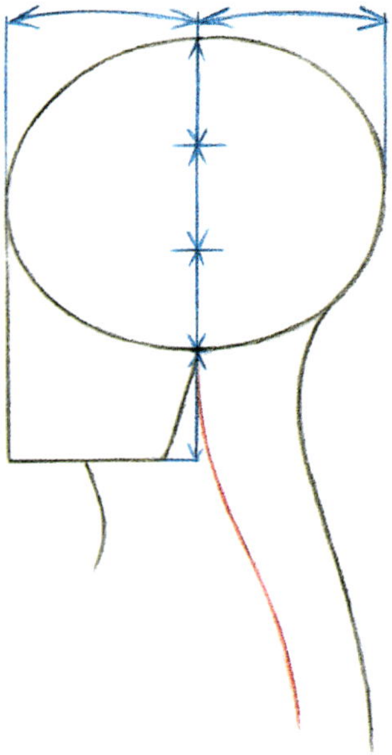

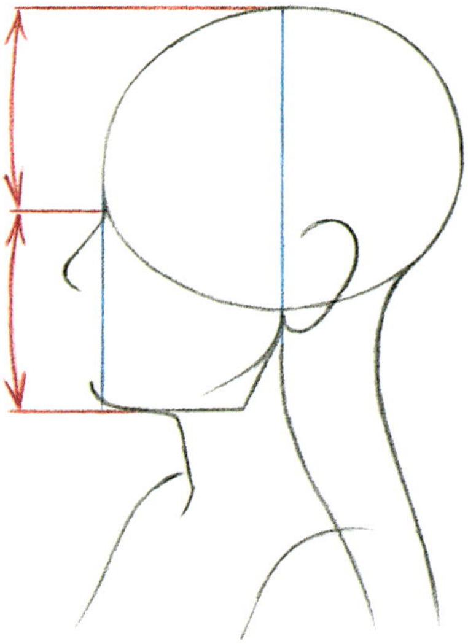

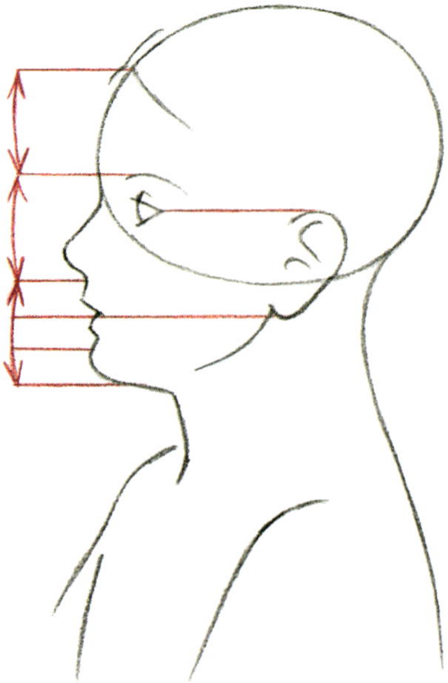

▲ **2**

Le sommet du nez est au milieu de la hauteur de la tête. Dessiner la courbe des épaules, indiquer la mâchoire et le menton. Esquisser l'oreille à partir de l'axe central vertical.

▲ **3**

La distance qui sépare la racine des cheveux des sourcils est égale à celle qui va des sourcils à la base du nez, et de la base du nez au menton. Le haut des oreilles permet de placer les yeux, le lobe d'indiquer la bouche.

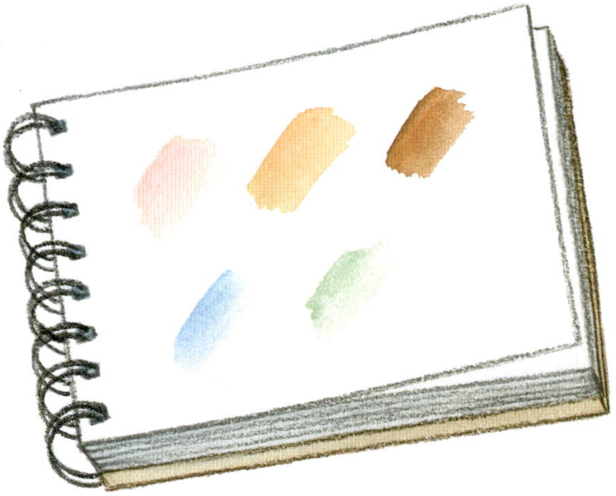

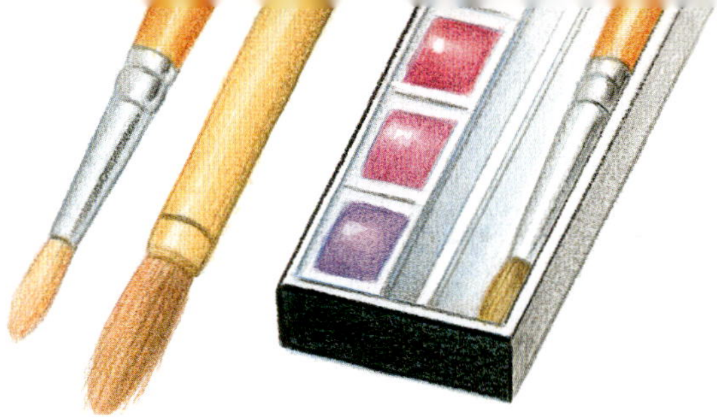

MATÉRIEL

● Papier à dessin épais ou papier chiffon ● Crayon HB ● Gomme ● 1 pinceau moyen ● 1 pinceau fin ● 1 crayon de couleur rouge ● 1 crayon de couleur bleu ● Aquarelle : rose de carthame, ocre rouge, ocre jaune, terre de Sienne brûlée, bleu de céruléum, vert émeraude.

4 ►
Gommer les traits de construction et esquisser la chevelure.

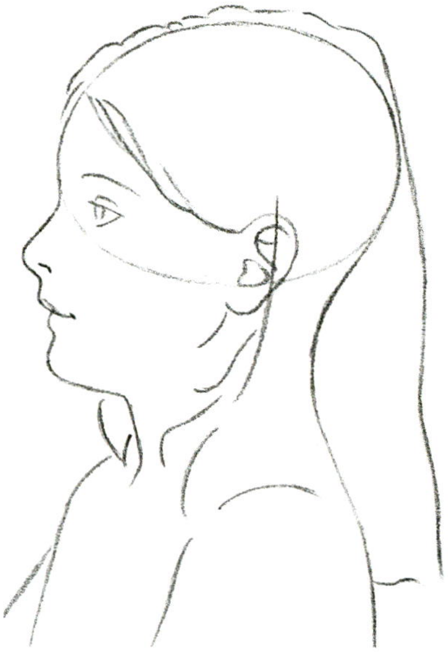

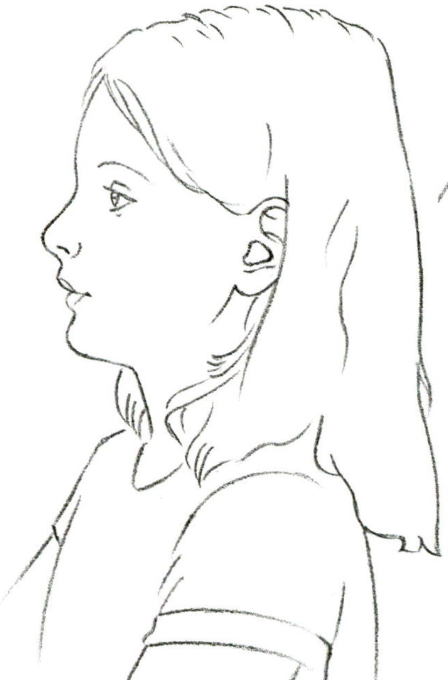

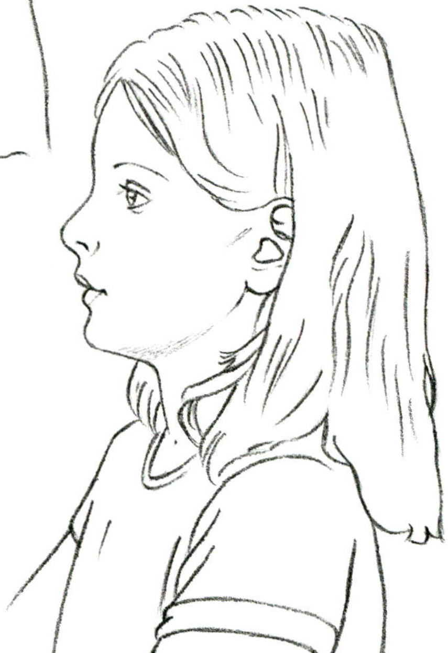

▲ **5**
Placer les détails qui donneront de l'expression au visage : la forme de la pupille, les lèvres, le mouvement des cheveux.

▲ **6**
Définir le modelé par quelques coups de crayon légers. L'important est de ne pas surcharger le dessin pour faire ressortir la délicatesse du modèle. Il faut s'arrêter à temps !

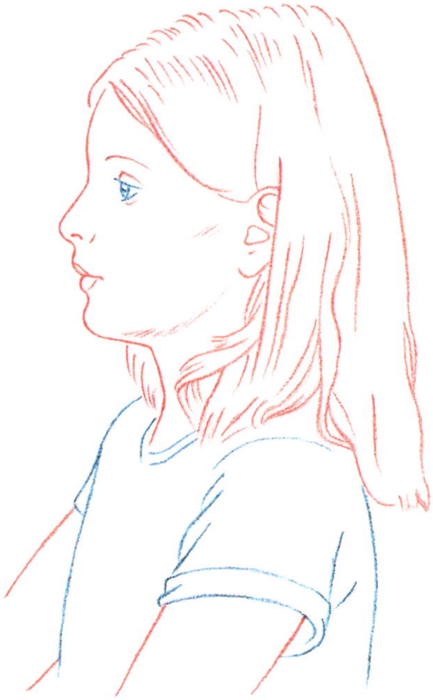

◄ 7

À l'aide d'une table lumineuse ou en s'appuyant sur une fenêtre, reporter le dessin sur un papier aquarelle. Au crayon de couleur, différencier les couleurs chaudes des couleurs froides.

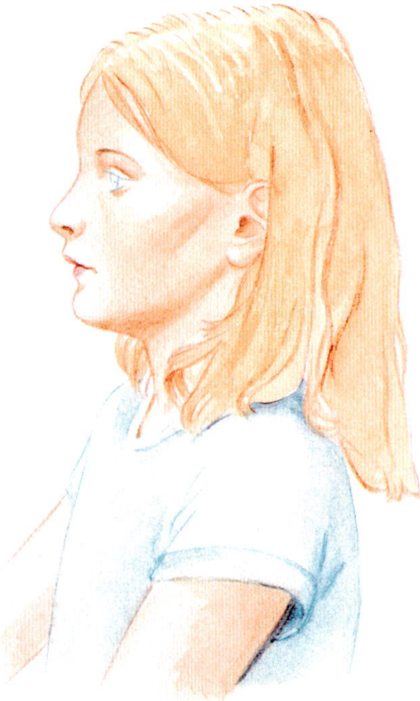

8 ►

Mouiller le papier, puis laisser sécher. Placer les premiers jus colorés. Travailler très légèrement, avec un pinceau moyen, en laissant vierges les parties les plus lumineuses du portrait.

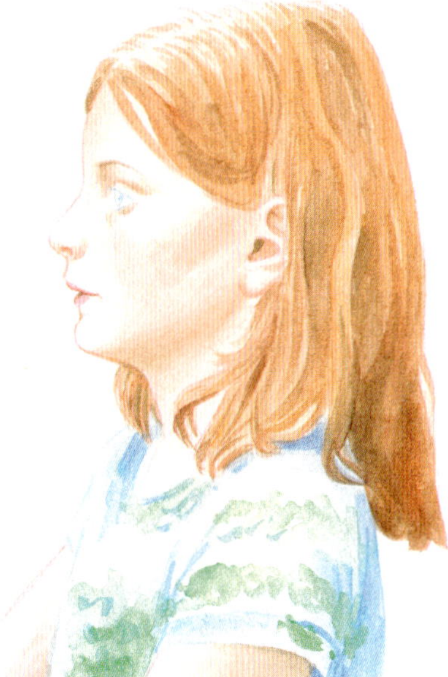

◄ 9

Travailler toujours du plus clair au plus foncé. Peindre sans hâte, mais en s'assurant que le papier est légèrement humide.

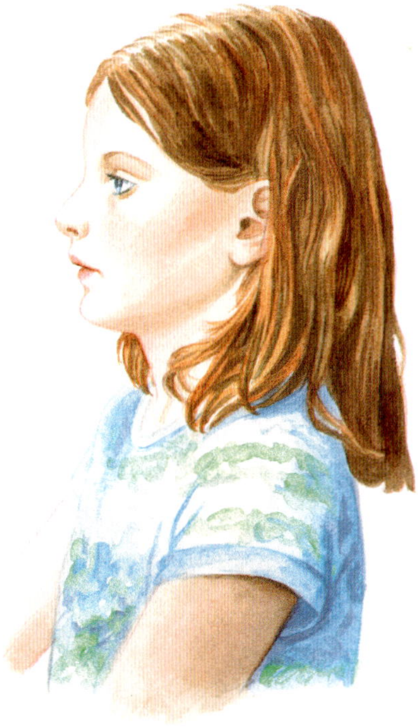

10 ►

Détailler la chevelure avec de l'ocre rouge, de l'ocre jaune et de la terre de Sienne. Au pinceau fin, préciser le regard. Laisser sécher.

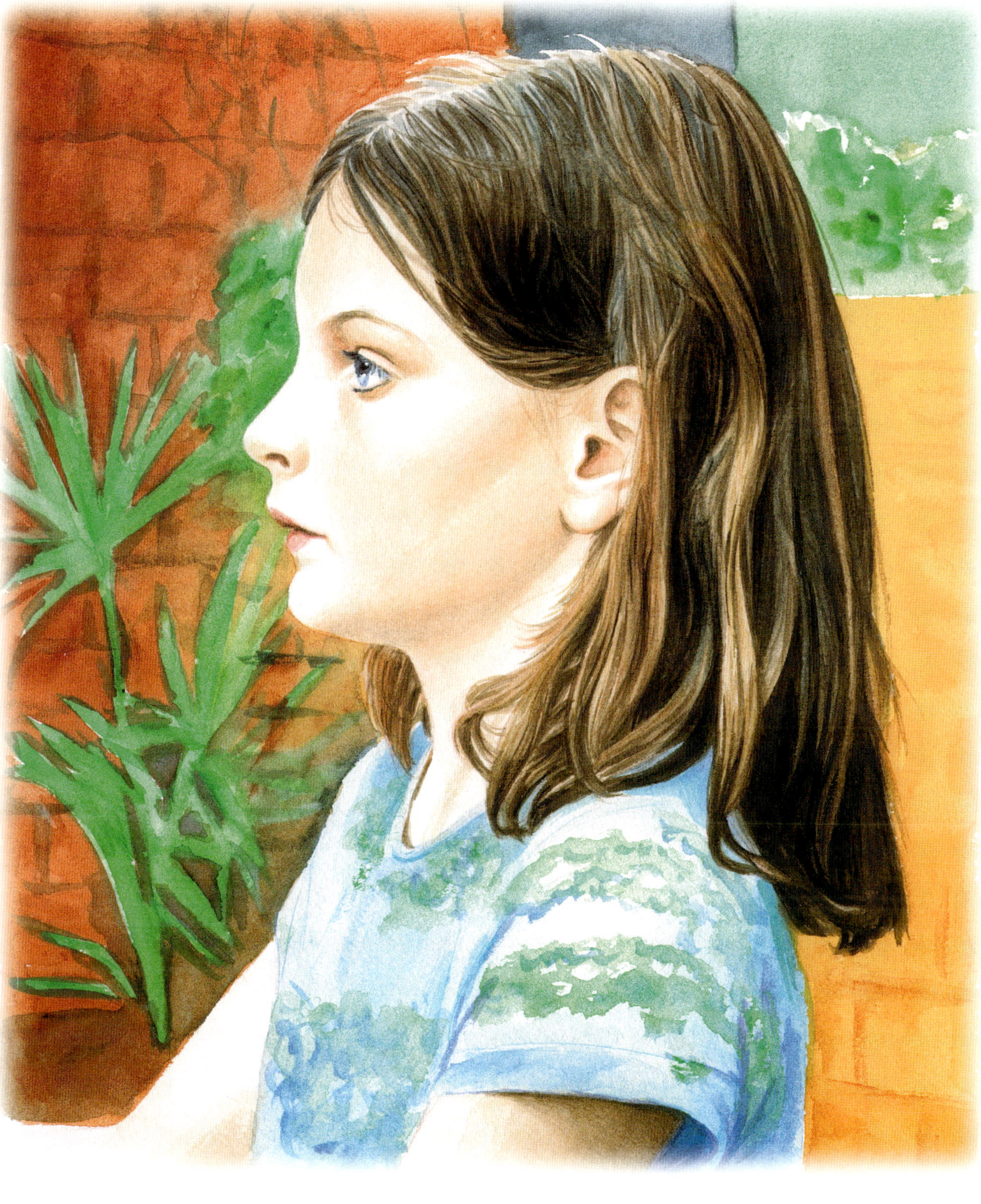

▲ **11 Composition finale.**
Le mur de droite est peint à l'ocre jaune teinté d'ocre rouge, celui de gauche à l'ocre rouge rehaussé de terre de Sienne. Laisser en réserve les éléments du feuillage, puis les traiter avec différents tons de vert. Il s'agit de ne pas trop préciser le fond : un portrait se détachera d'autant mieux sur un arrière-plan un peu flou !

AU BORD DE LA PISCINE

L'HOMME DE CETTE PHOTO SORT DE LA PISCINE.
SES CHEVEUX SONT MOUILLÉS ET IL EST EN PLEIN SOLEIL ; LES OMBRES PORTÉES SONT FORTES, LES COULEURS CRUES.
LE PERSONNAGE SE DÉTACHE SUR UN FOND SOMBRE ET IL SE PRODUIT UN PHÉNOMÈNE INTÉRESSANT : LA LUMIÈRE JOUE AUSSI SUR LE CÔTÉ DROIT, C'EST LE CONTRE-REFLET.

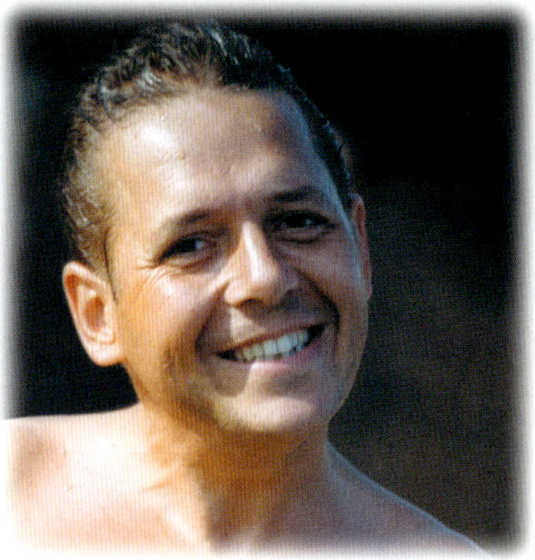

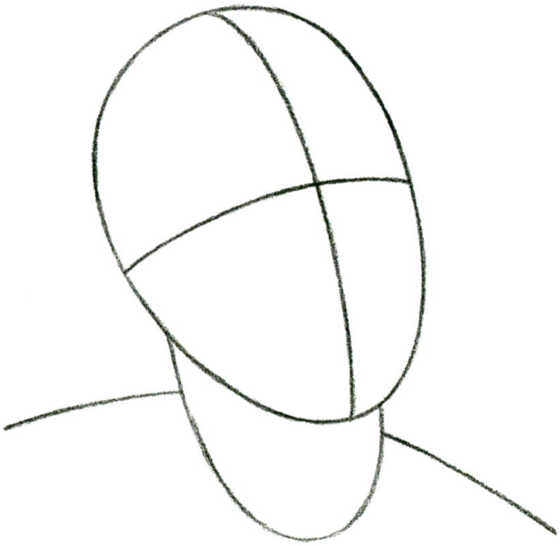

1
Dessiner l'ovale de la tête, le cou et la courbure des épaules. Marquer la ligne des yeux et le milieu du visage.

2
Indiquer l'emplacement du nez par une petite pyramide et tracer les orbites.

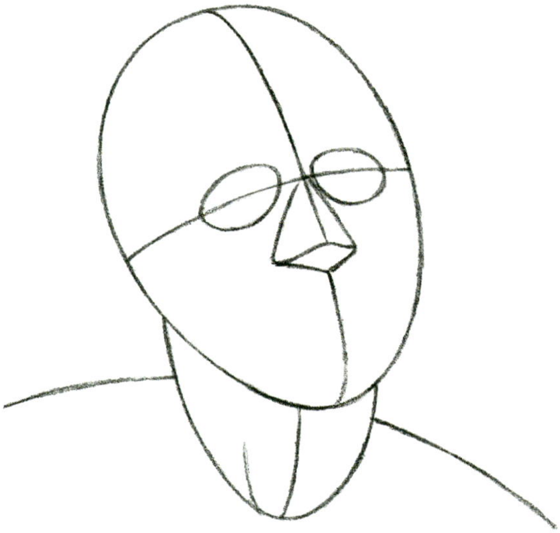

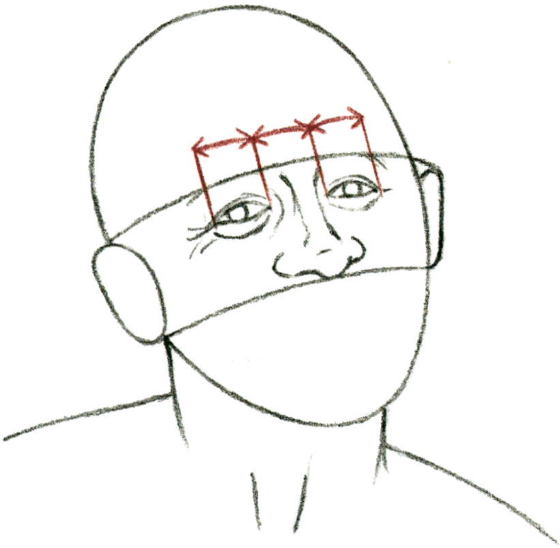

3
Préciser les yeux, le nez et les rides d'expression. La distance qui sépare la base du nez des sourcils définit la hauteur des oreilles.

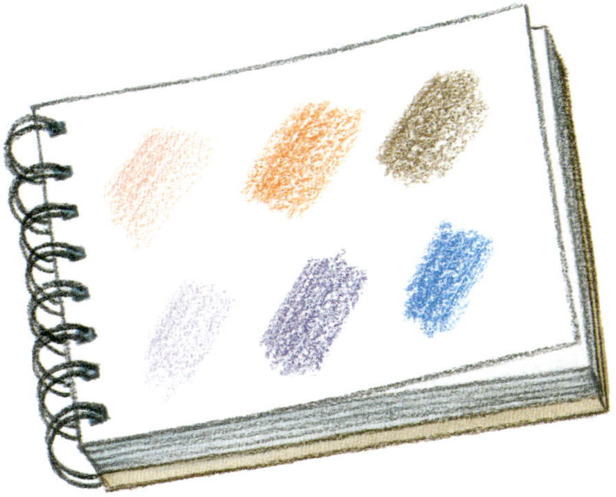

MATÉRIEL

● Papier à dessin à grain fin ● Crayon HB
● Gomme « mie de pain » ● Estompe
● Crayons de couleur : rose chair, ocre jaune, ocre rouge, terre d'ombre, mauve, violet, bleu outremer, noir.

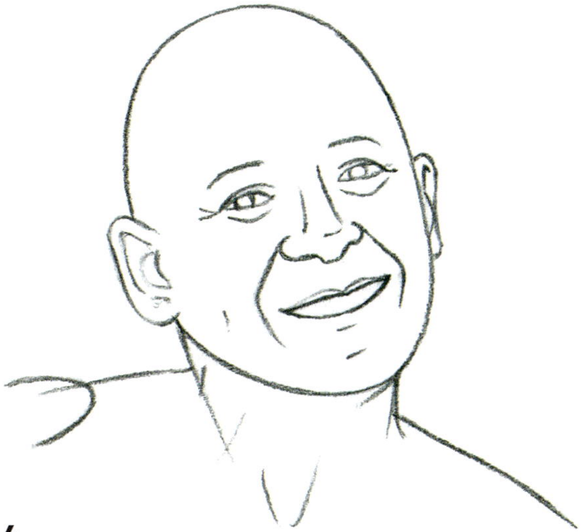

▲ **4**
Gommer les traits de construction et préciser les détails. Indiquer le sourire et les fossettes.

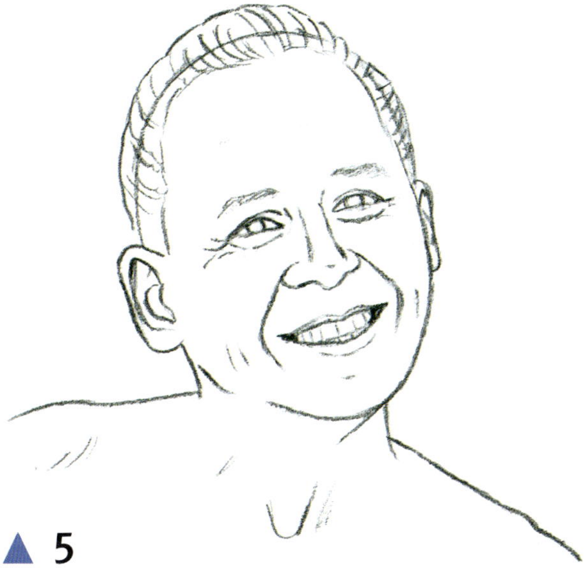

▲ **5**
Esquisser le volume des cheveux plaqués sur la tête. Dessiner les dents très légèrement et affiner la courbe des épaules.

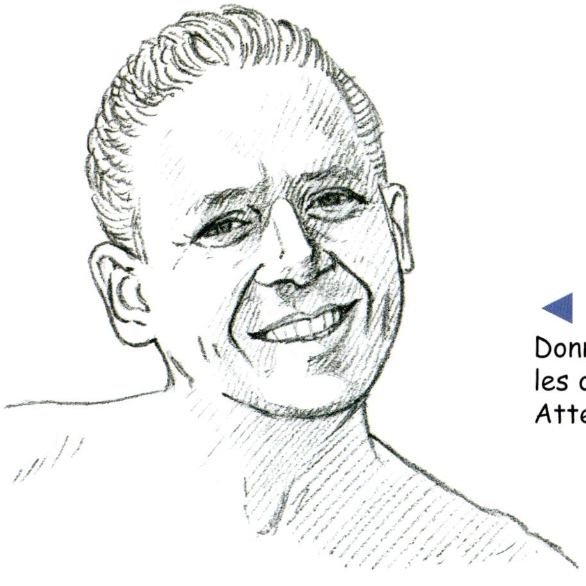

◄ **6**
Donner du volume au dessin en indiquant les ombres par de fines diagonales. Attention à ne pas surcharger l'ensemble !

7 ▶

À l'aide d'une table lumineuse
ou en s'appuyant sur une fenêtre,
reporter le dessin en différenciant les couleurs
chaudes des couleurs froides.

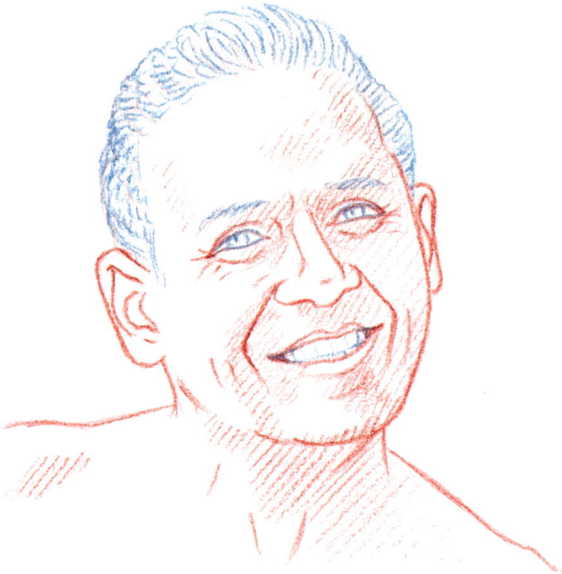

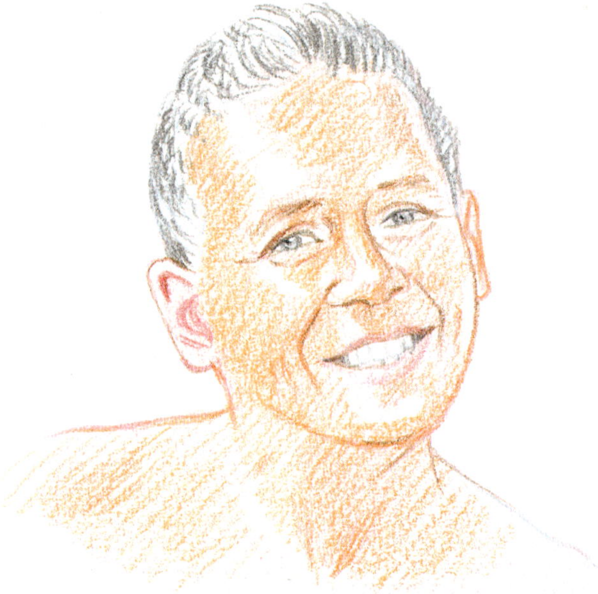

◀ **8**

Gommer légèrement ces contours,
puis colorier le visage en ocres rouge
et jaune. Laisser en réserve les parties
éclairées. Indiquer les ondulations
de la chevelure par des petites courbes.

9 ▶

Colorier les ombres en mauve
(complémentaire de l'ocre). Poser un léger
reflet bleu clair sur le côté droit.
Densifier les couleurs dans les parties
sombres en travaillant toujours
dans le même sens.

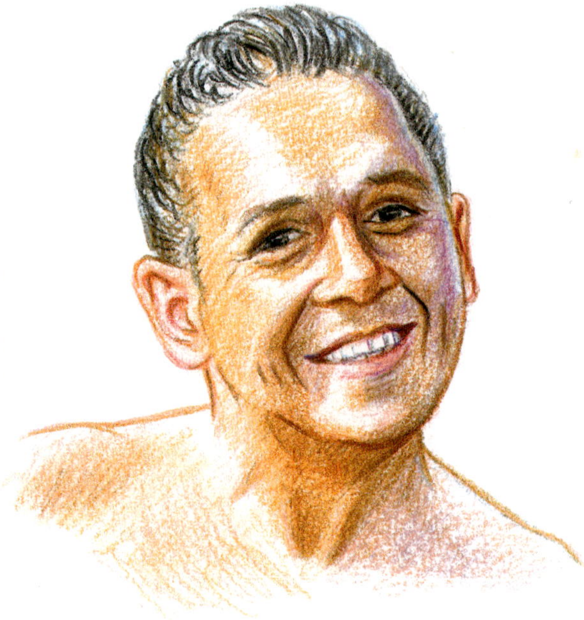

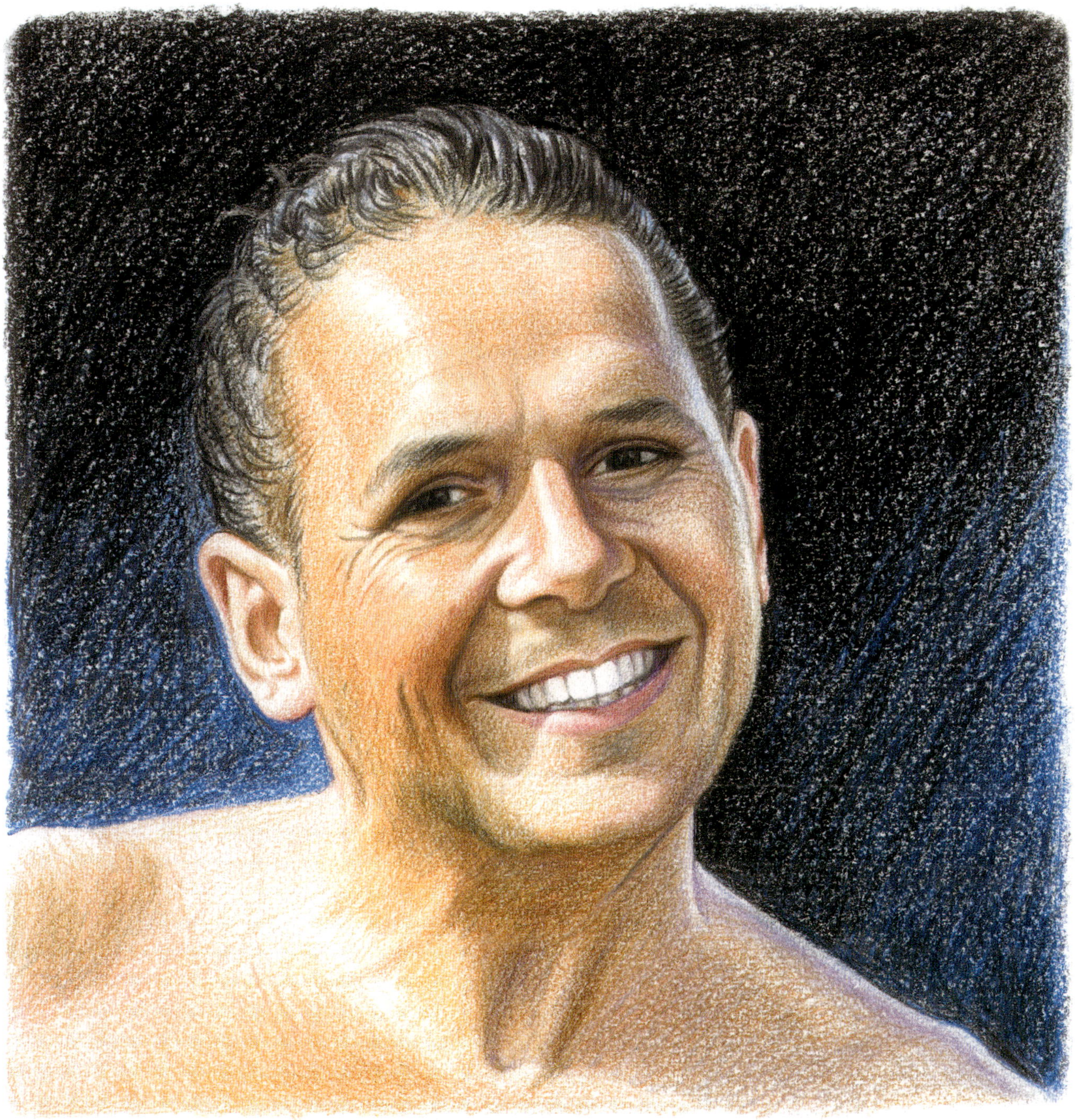

▲ **10 Composition finale.**
Colorier le fond en bleu outremer.
L'assombrir avec un crayon noir, en laissant un léger halo bleu à gauche du modèle. Superposer plusieurs couches en appuyant de plus en plus fort pour créer un dégradé. Bien densifier les contours pour faire ressortir la brillance de la chevelure. Fixer.

AU SECOURS !

CETTE PETITE FILLE CRIE « AU SECOURS ! », MAIS ON N'Y CROIT PAS VRAIMENT. POURQUOI ? PARCE QUE SES YEUX RIENT ET QUE L'ON SENT BIEN QUE CETTE BOUCHE LARGEMENT OUVERTE PEUT SE FENDRE D'UN GRAND SOURIRE. LES ZONES ÉCLAIRÉES AU CENTRE DU VISAGE CONTRASTENT AVEC LES CHEVEUX NOIRS AUX REFLETS BLEUS.

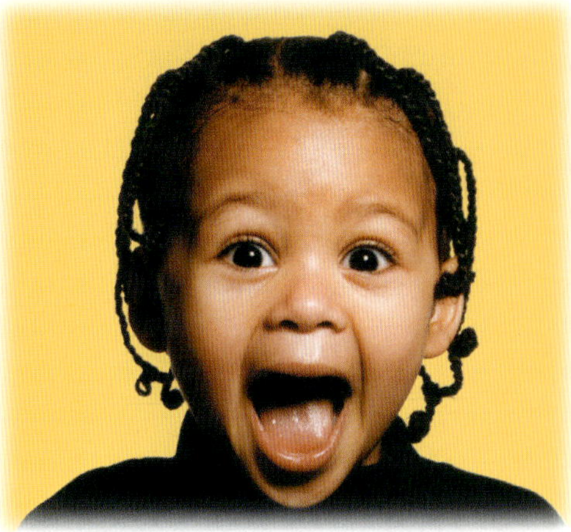

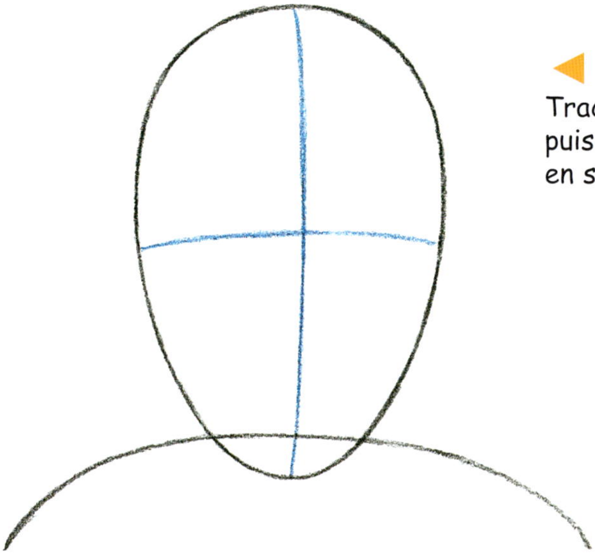

1
Tracer le volume principal de la tête, puis l'horizontale et la verticale qui passent en son centre. Indiquer la ligne des épaules.

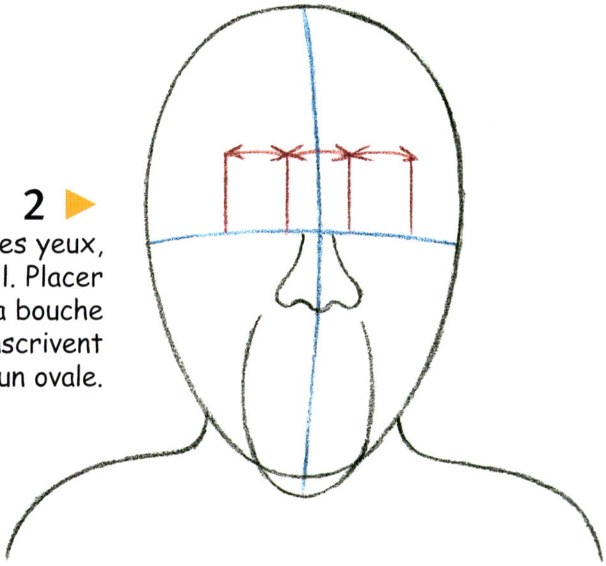

2
Marquer l'emplacement des yeux, séparés par la largeur d'un œil. Placer le nez triangulaire. La bouche et le menton s'inscrivent dans un ovale.

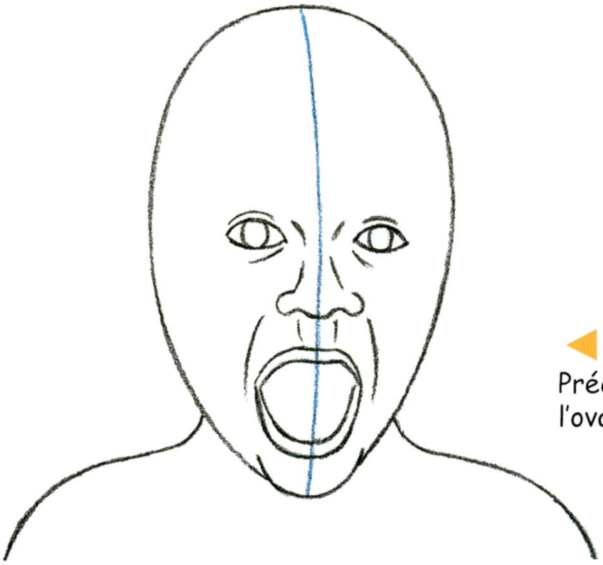

3
Préciser le nez, les yeux et la bouche. Gommer l'ovale en ne laissant que les plis d'expression.

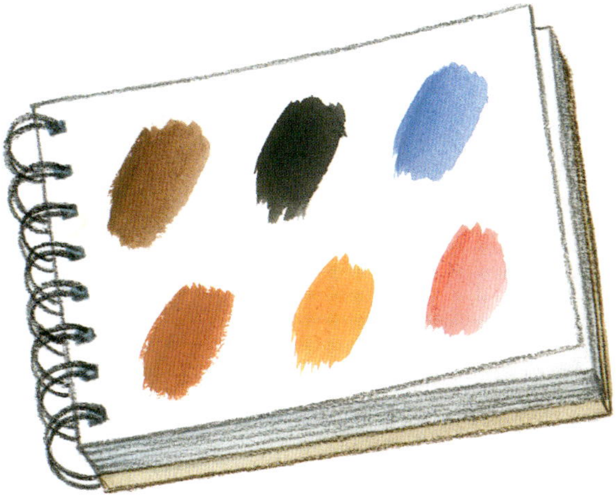

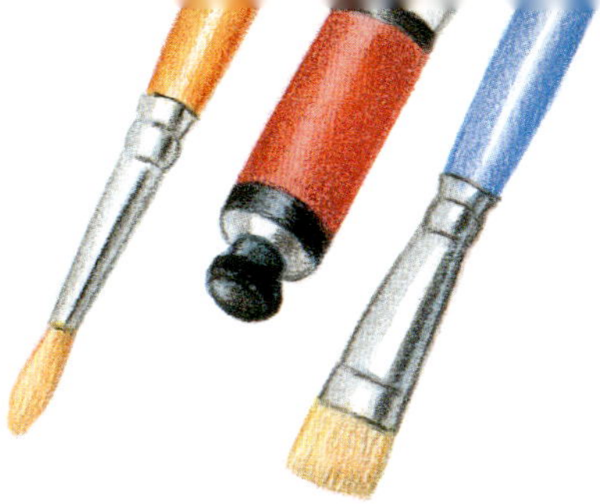

MATÉRIEL

- Papier à dessin épais ou papier chiffon • Crayon HB
- 1 petite brosse souple • 3 pinceaux moyens
- 1 pinceau fin • Gouache : jaune, orange, ocre rouge, terre de Sienne brûlée, rouge carmin, bleu de cobalt, noir, blanc.

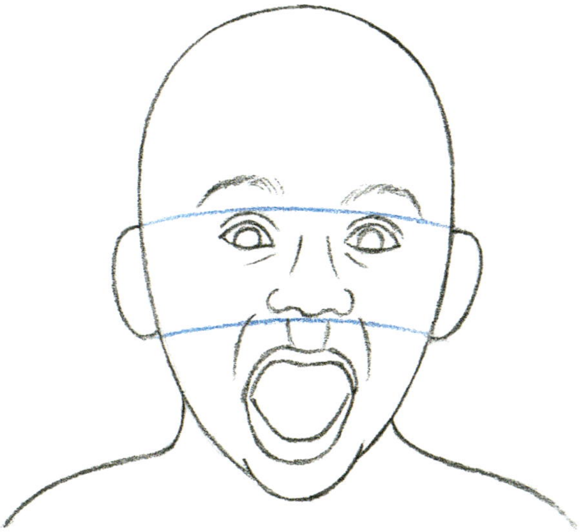

4

Comme les sourcils sont levés, les oreilles sont plutôt comprises entre le haut des paupières et la base du nez.

5

Dessiner les cheveux. La chevelure est collée au crâne, alors que les nattes s'en échappent.

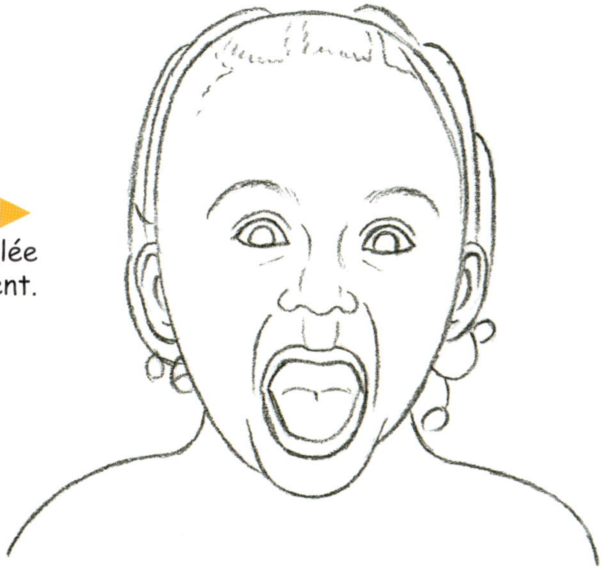

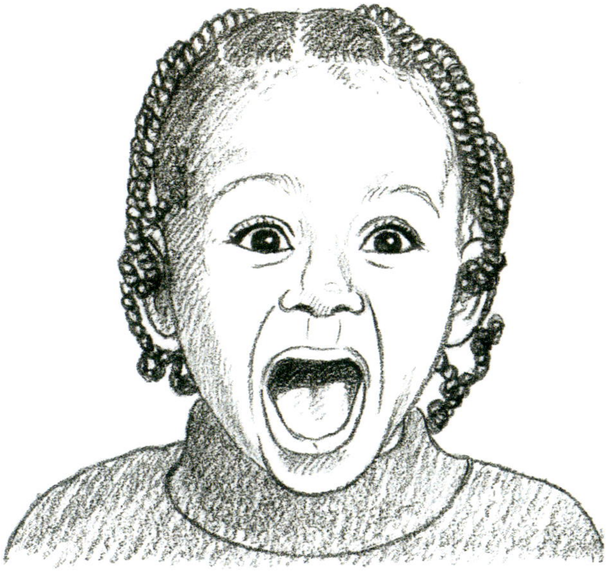

6

Indiquer les ombres : insister sur le côté gauche, en travaillant toujours dans le même sens. Figurer les nattes en posant des virgules obliques. Préciser les yeux.

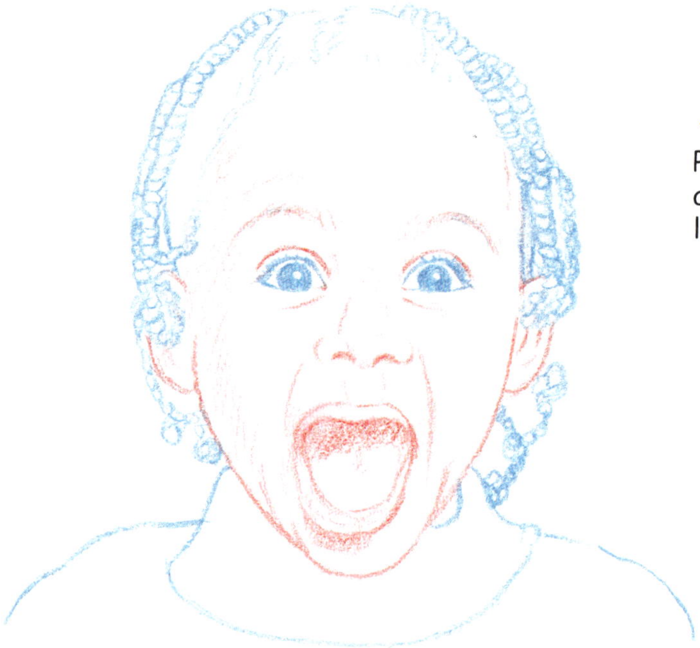

◀ 7

Par transparence, reporter le dessin avec des crayons bleu et rouge selon la couleur des zones.

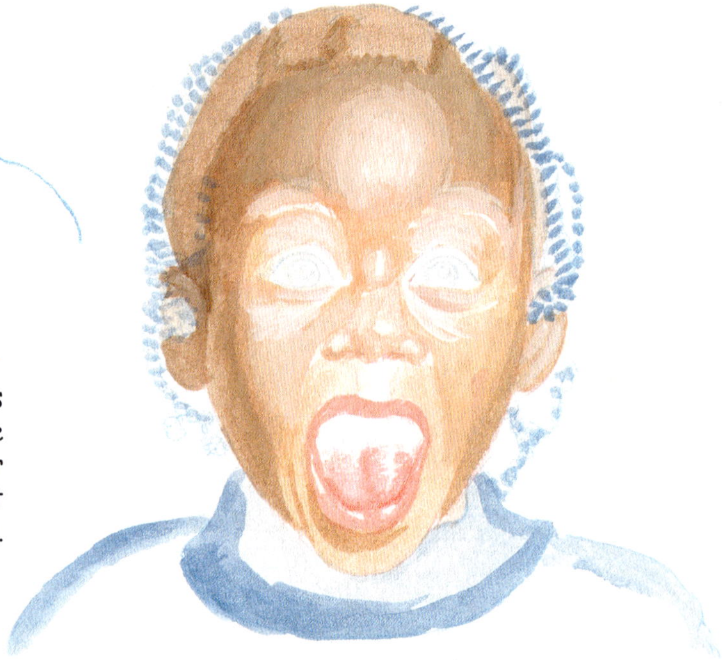

8 ▶

Laisser en blanc les parties très brillantes et poser autour un orangé très clair, mélange de jaune, d'orange et de blanc. S'éloigner de cette zone au fur et à mesure, en fonçant de plus en plus le mélange utilisé.

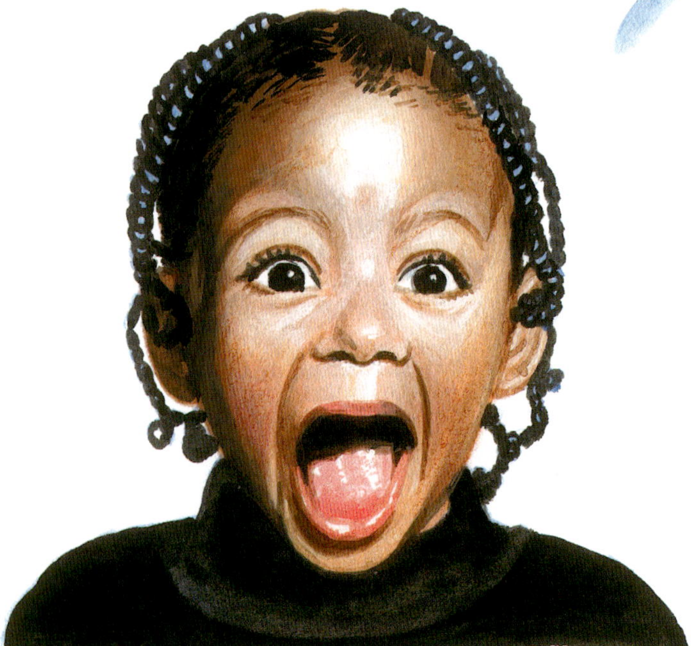

◀ 9

Finir le dégradé en ajoutant de la terre de Sienne dans les parties ombrées. Poser le noir des cheveux après les reflets bleus.

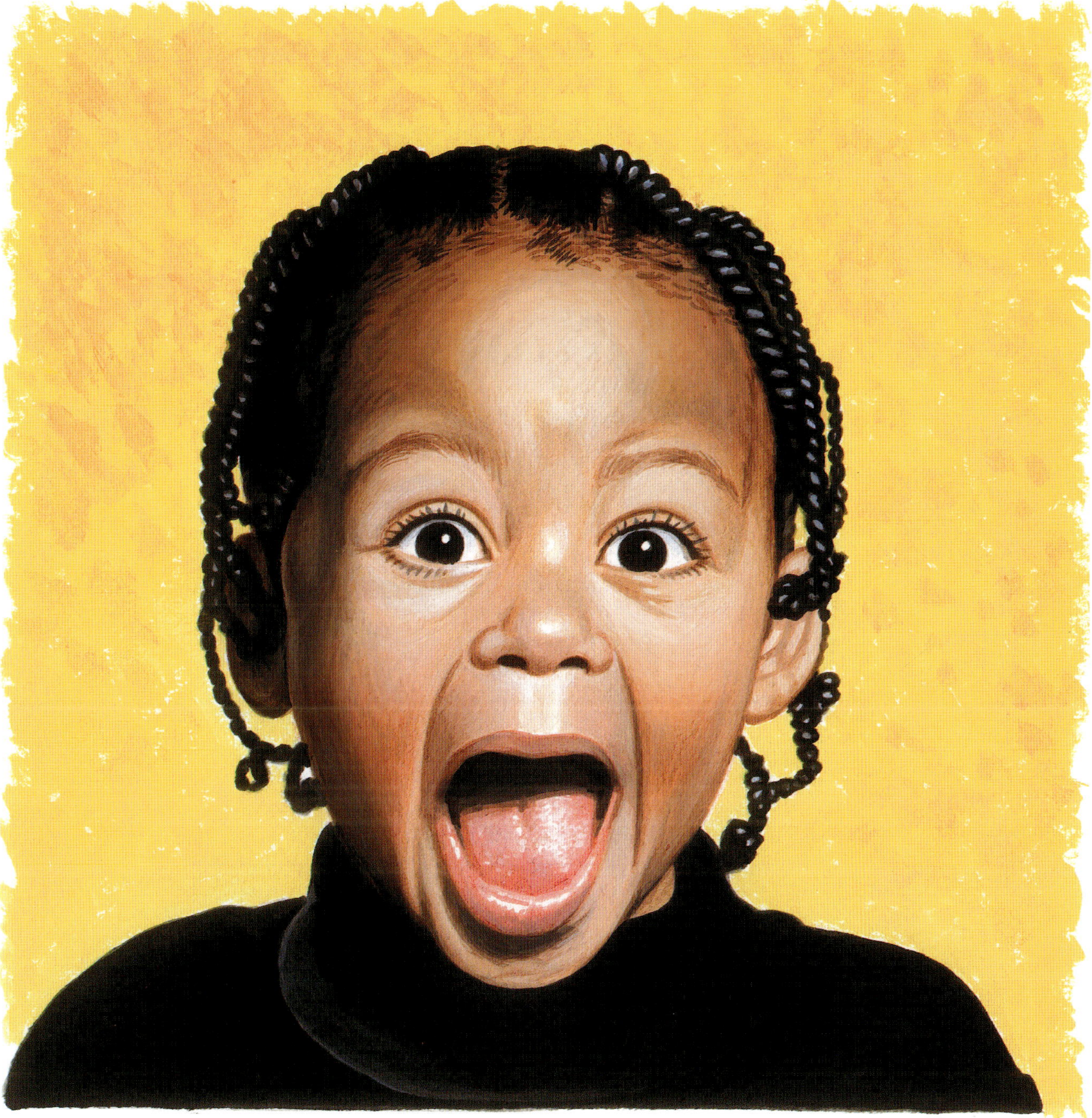

▲ **10 Composition finale.**
La matière du fond doit mettre en valeur le portrait. Passer un jaune clair ; avant qu'il ne sèche, poser des touches de jaune orangé avec une petite brosse. Travailler avec précision tout au bord du personnage ; au besoin, corriger les contours avec un pinceau fin. Bleuir très légèrement les yeux et poser les reflets sur la bouche et sur la langue avec un petit pinceau chargé de blanc.

L'AVENTURIER

LE VISAGE MARQUÉ DE CET HOMME EST TRÈS ÉVOCATEUR. SES TRAITS ACCUSÉS, NEZ, POMMETTES, MENTON, RÉVÈLENT UNE FORTE PERSONNALITÉ. SON RRGARD PERDU DANS LE LOINTAIN TRADUIT UNE ATTENTE ET SES SOURCILS FRONCÉS SONT ADOUCIS PAR UN LÉGER SOURIRE. SES CHEVEUX REBELLES CONTREDISENT L'ASPECT SÉRIEUX DE SA STATURE. LA MUSIQUE DU MYSTÈRE HABITE CET HOMME-LÀ...

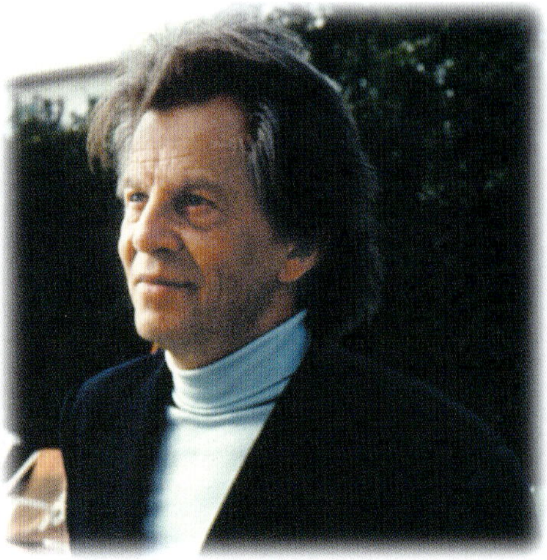

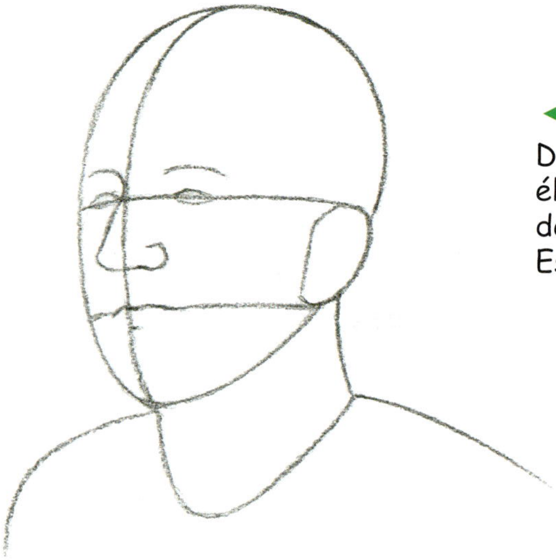

◄ 1
Dessiner la tête et placer les principaux éléments du visage en se servant des mesures vues précédemment. Esquisser le cou et la ligne des épaules.

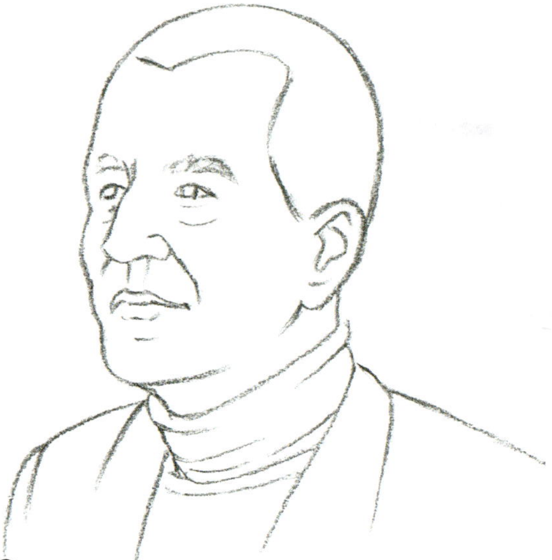

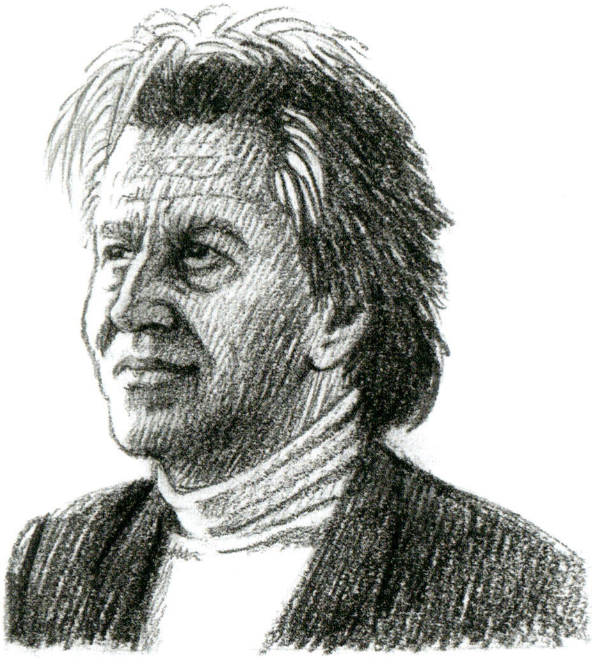

▲ 2
Gommer les traits de construction et poser les détails. Marquer l'implantation des cheveux.

▲ 3
Suggérer le volume par de petits traits de crayon gras. Travailler les contrastes sans trop appuyer le crayon sur la feuille.

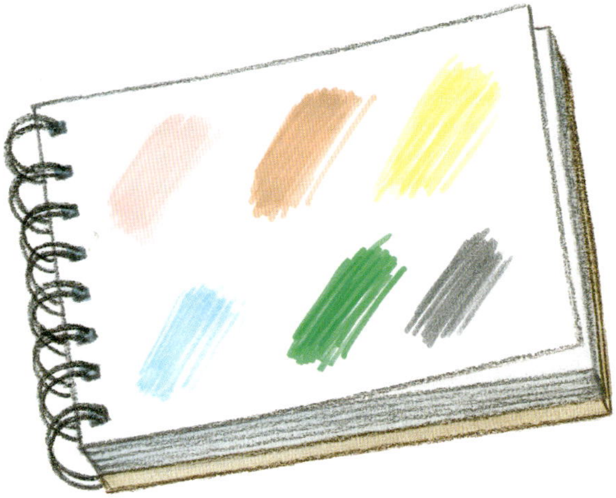

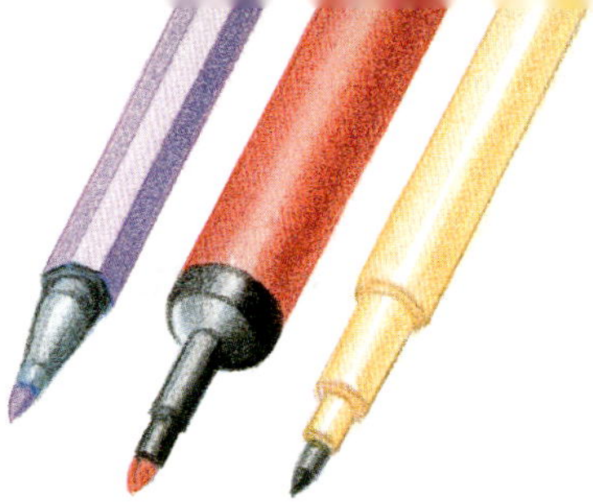

MATÉRIEL

● Papier à dessin lisse ou papier « lay-out » ● Crayon HB ● Crayon 2B ● 1 crayon de couleur rouge ● 1 crayon de couleur bleu ● Feutres : rose chair (marqueur à l'alcool), brun clair (marqueur à l'alcool), jaune, bleu clair, bleu foncé, vert clair, vert foncé, gris, noir.

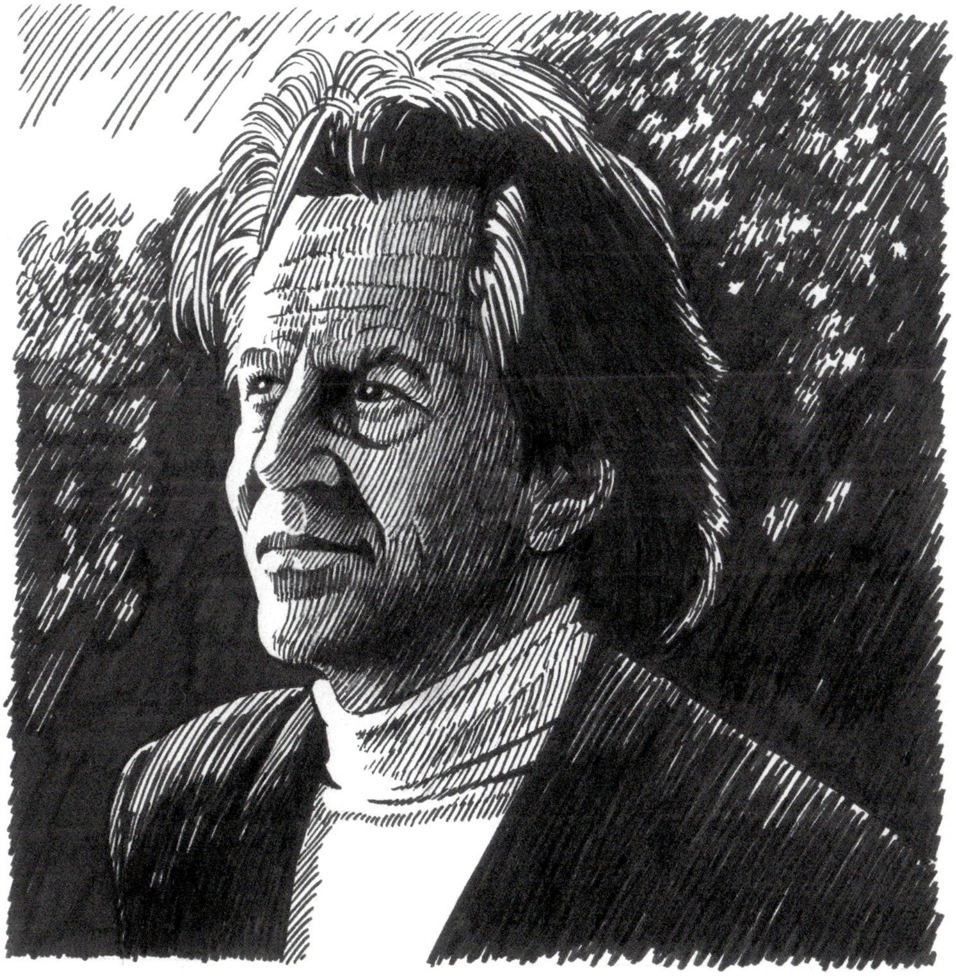

▲ 4

Voici un premier portrait réalisé avec un feutre noir fin. Les ombres sont suggérées par d'étroites hachures parallèles qui soulignent le modelé du visage. Le papier est laissé blanc sur le côté exposé à la lumière et à l'extrémité des cheveux pour que la tête se détache bien sur l'obscurité du feuillage.

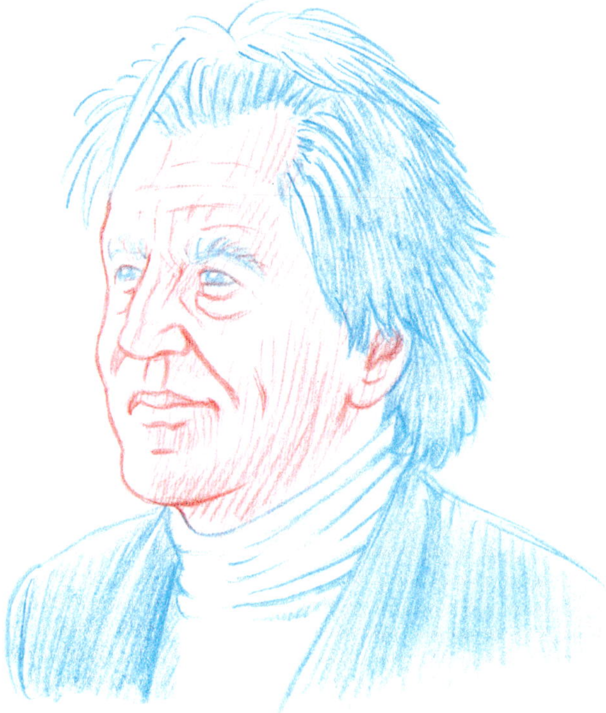

◀ 5
Reporter les contours du visage sur le papier lisse avec les crayons bleu et rouge, sans trop appuyer.

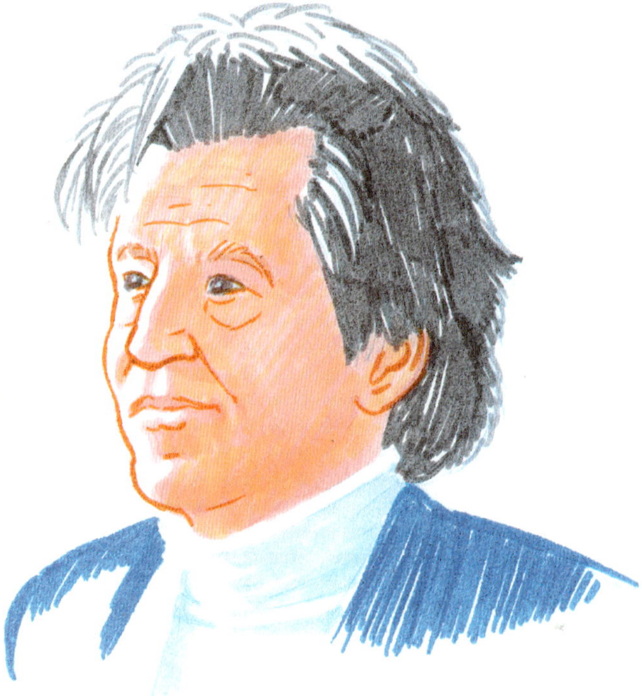

6 ▶
Poser un jaune pâle sur le visage, puis l'assombrir avec le rose chair. Laisser en réserve les parties éclairées. Colorier les cheveux en gris, les vêtements en bleu clair et en bleu foncé.

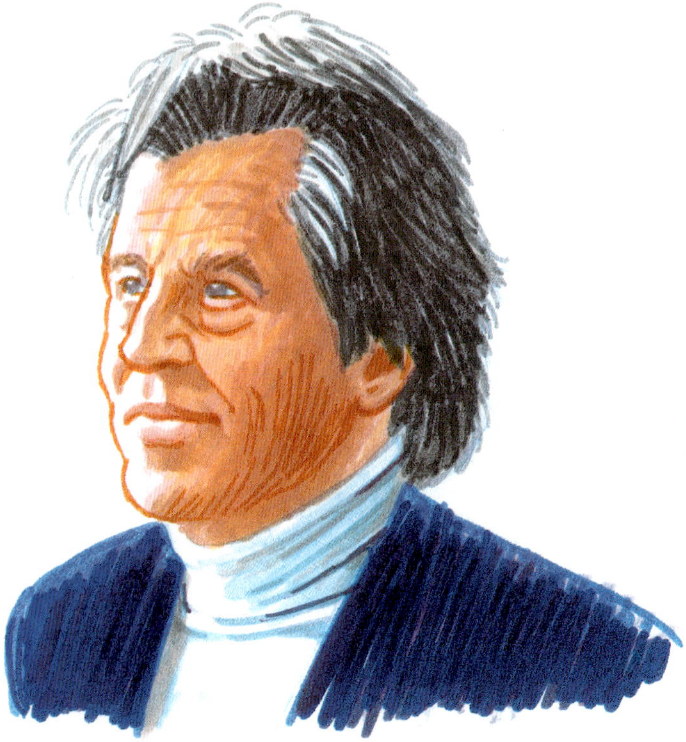

◀ 7
Donner du relief au visage avec le brun clair. Placer les détails au feutre fin. Revenir sur les cheveux et sur la veste.

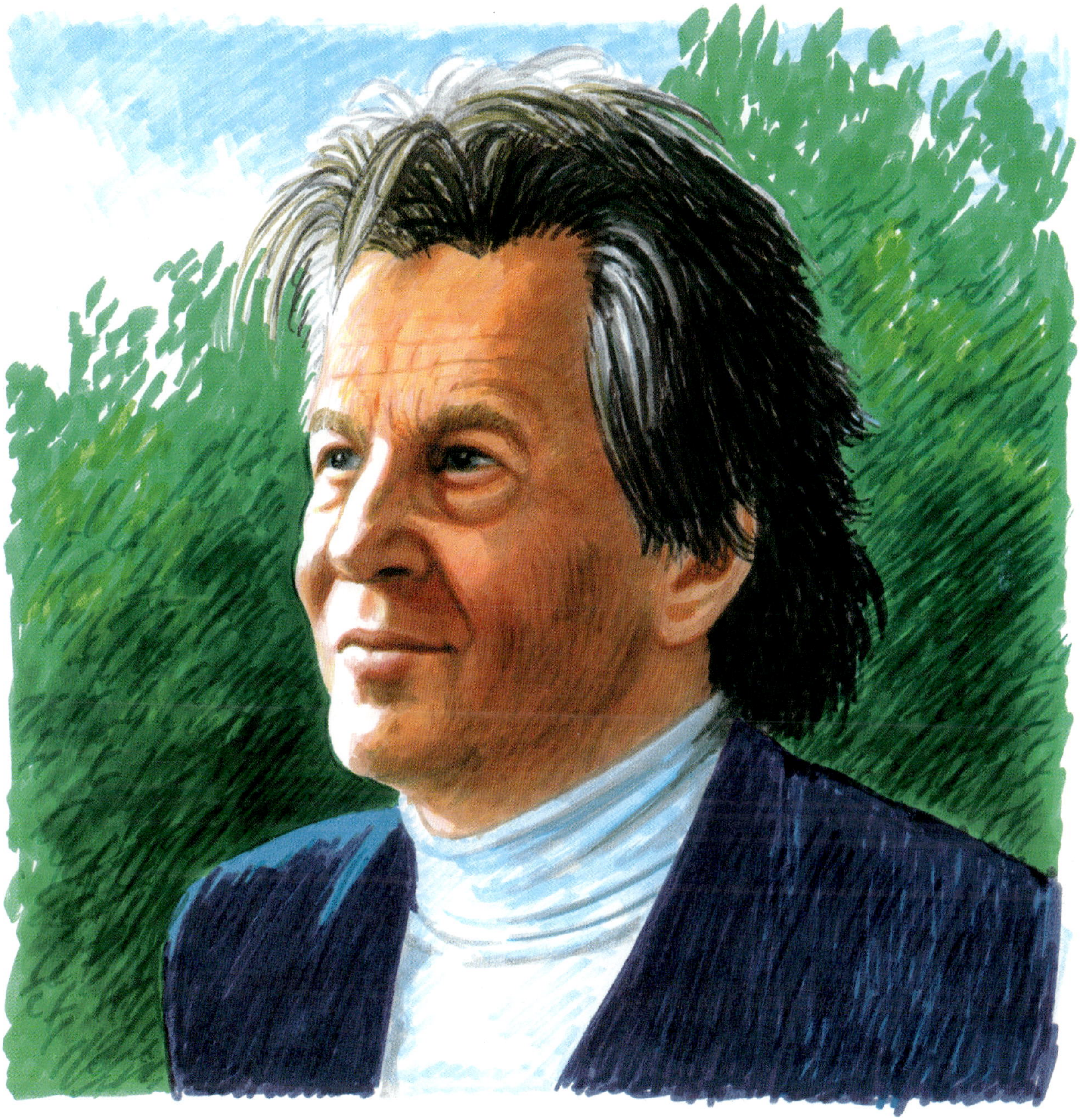

▲ **8 Composition finale.**
Pour homogénéiser les couleurs du visage, passer de nouvelles couches de rose et de brun clair au marqueur. Travailler le feuillage avec des feutres verts de différentes épaisseurs, et le ciel en bleu pâle en laissant le nuage en réserve. Finir par le noir des cheveux et des yeux.

LE BÉBÉ

IL FAUT FAIRE PREUVE DE DÉLICATESSE : IL EST TRÈS FACILE DE TRANSFORMER UN BÉBÉ EN VIEILLARD EN FORÇANT UN PEU TROP LE TRAIT. L'AQUARELLE EST PARTICULIÈREMENT ADAPTÉE À CE SUJET PARCE QU'ELLE PERMET DES DÉGRADÉS TRÈS DOUX ET DES TEINTES TRANSPARENTES. ATTENTION : L'EXPRESSION DE CE BÉBÉ NE DURERA QUE QUELQUES FRACTIONS DE SECONDE !

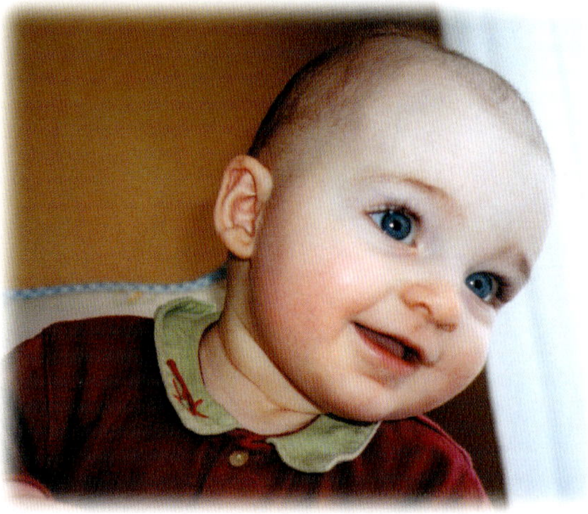

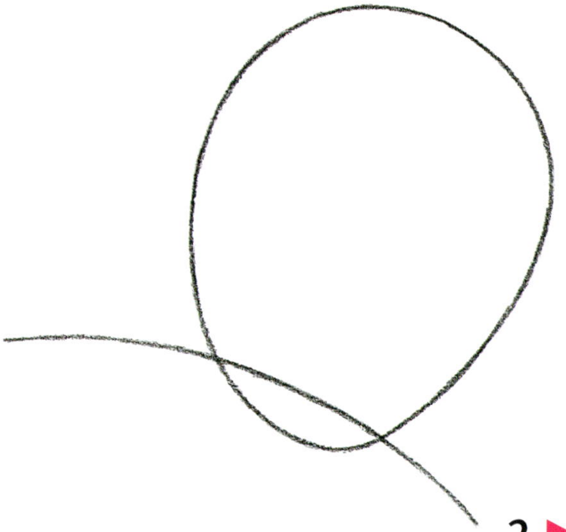

1
Dessiner un ovale légèrement aplati sur la droite pour figurer la tête. Esquisser la courbe des épaules.

2
Indiquer les principaux traits de construction : la ligne des yeux au milieu du visage, l'axe du nez, celui de la mâchoire.

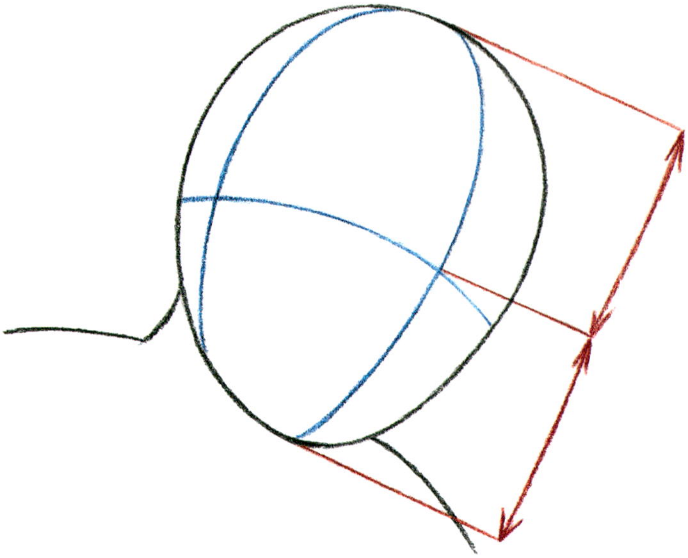

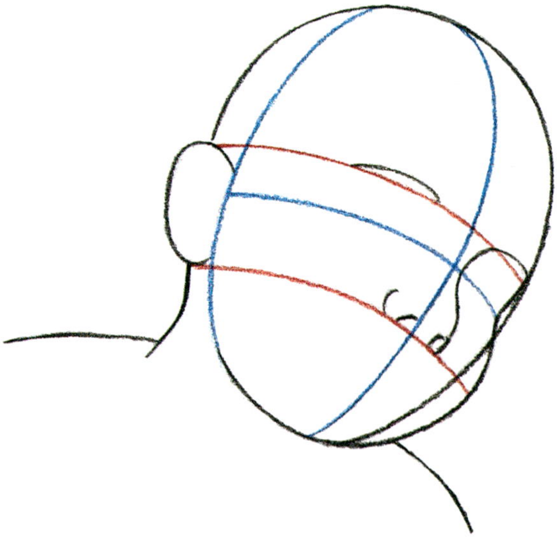

3
Placer le nez et les sourcils en prenant la hauteur de l'oreille comme repère. Tracer la courbe de la joue.

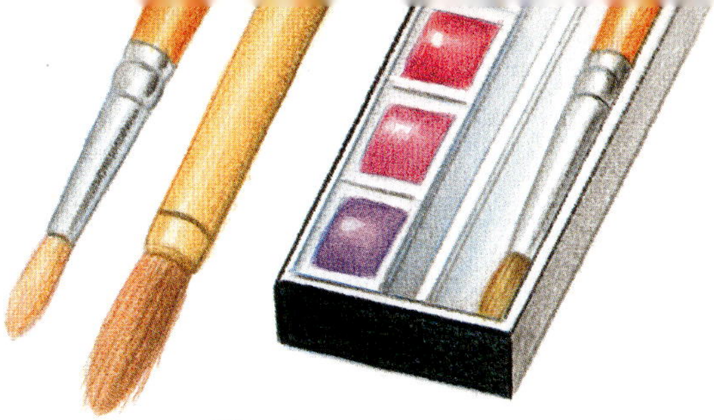

MATÉRIEL

● Papier à dessin épais ou papier chiffon ● Crayon HB ● Gomme ● 1 pinceau moyen ● 1 pinceau fin ● 1 crayon de couleur rouge ● 1 crayon de couleur bleu ● Aquarelle : rose de carthame, ocre rouge, terre d'ombre brûlée, bleu de céruléum, gris de Payne, rose permanent, vert Véronèse, pourpre.

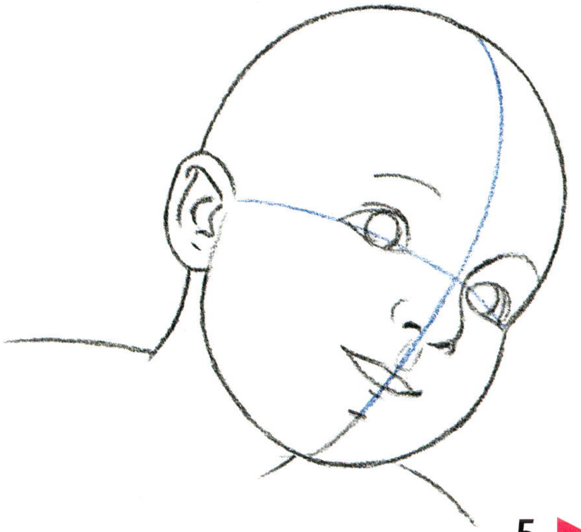

4

Dessiner les yeux, plus grands chez un enfant que chez un adulte, les oreilles, la bouche.

5

Gommer les derniers traits de construction et placer les détails : les sourcils, très légers, les pupilles, les cils, etc.

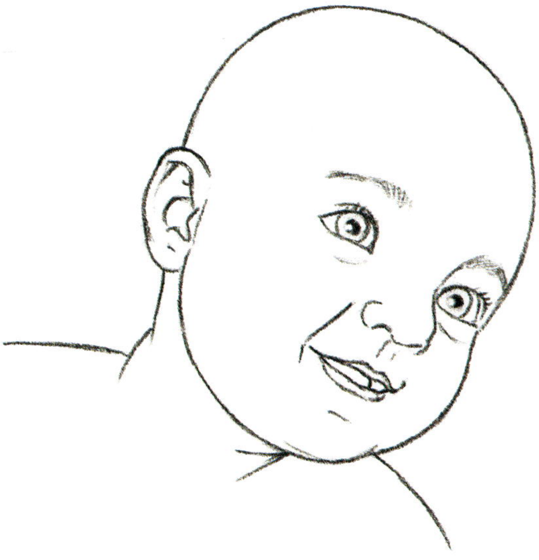

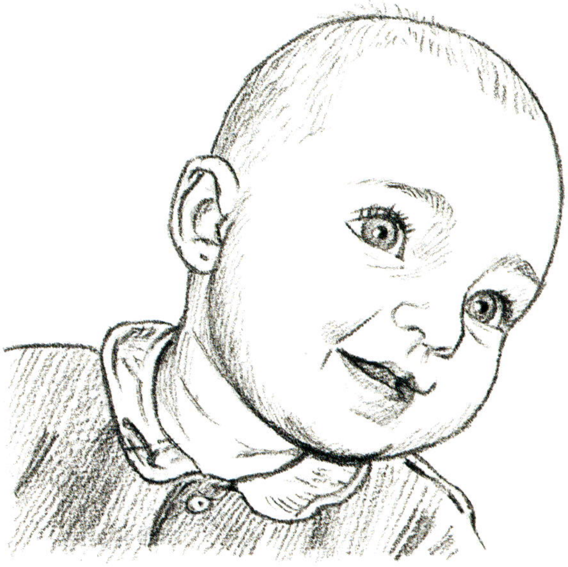

6

Disposer les zones d'ombre pour donner du relief. Dessiner les cheveux naissants d'un petit trait de crayon.

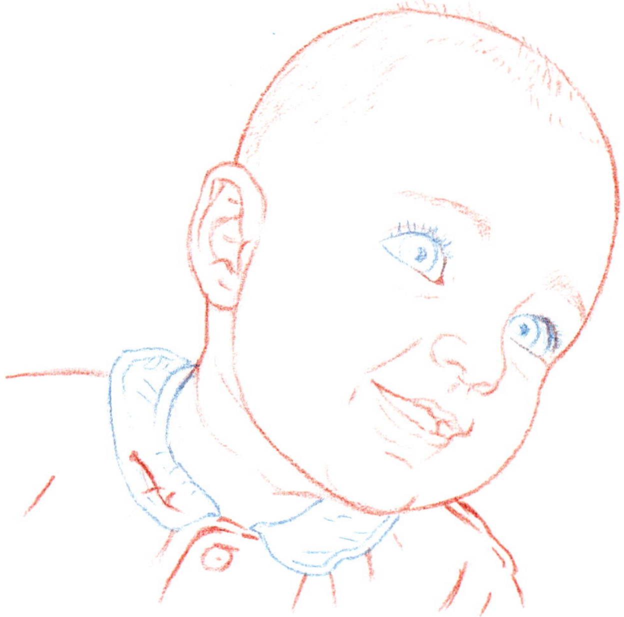

◀ 7

Par transparence, reporter le dessin en séparant les couleurs chaudes des couleurs froides.

8 ▶

Mouiller le papier. Laisser sécher. Poser les premiers jus colorés en commençant par le rose très dilué autour de l'éclat de la joue. Le blanc des yeux est bleu très pâle.

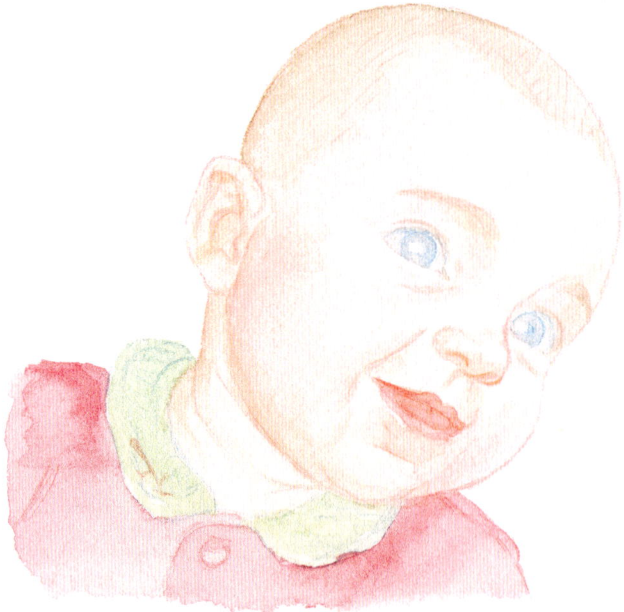

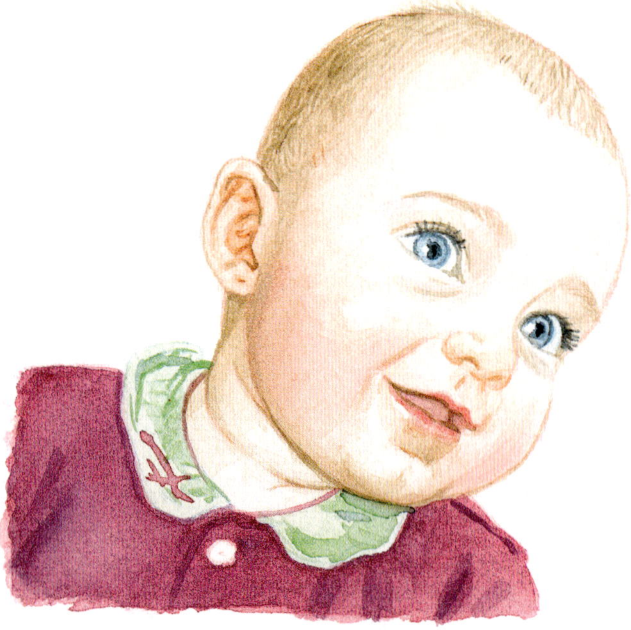

◀ 9

Foncer le rose des joues en s'éloignant au fur et à mesure de l'éclat de lumière. Ajouter du contraste avec un peu de terre d'ombre. Poser quelques touches de pourpre sur les plis du vêtement.

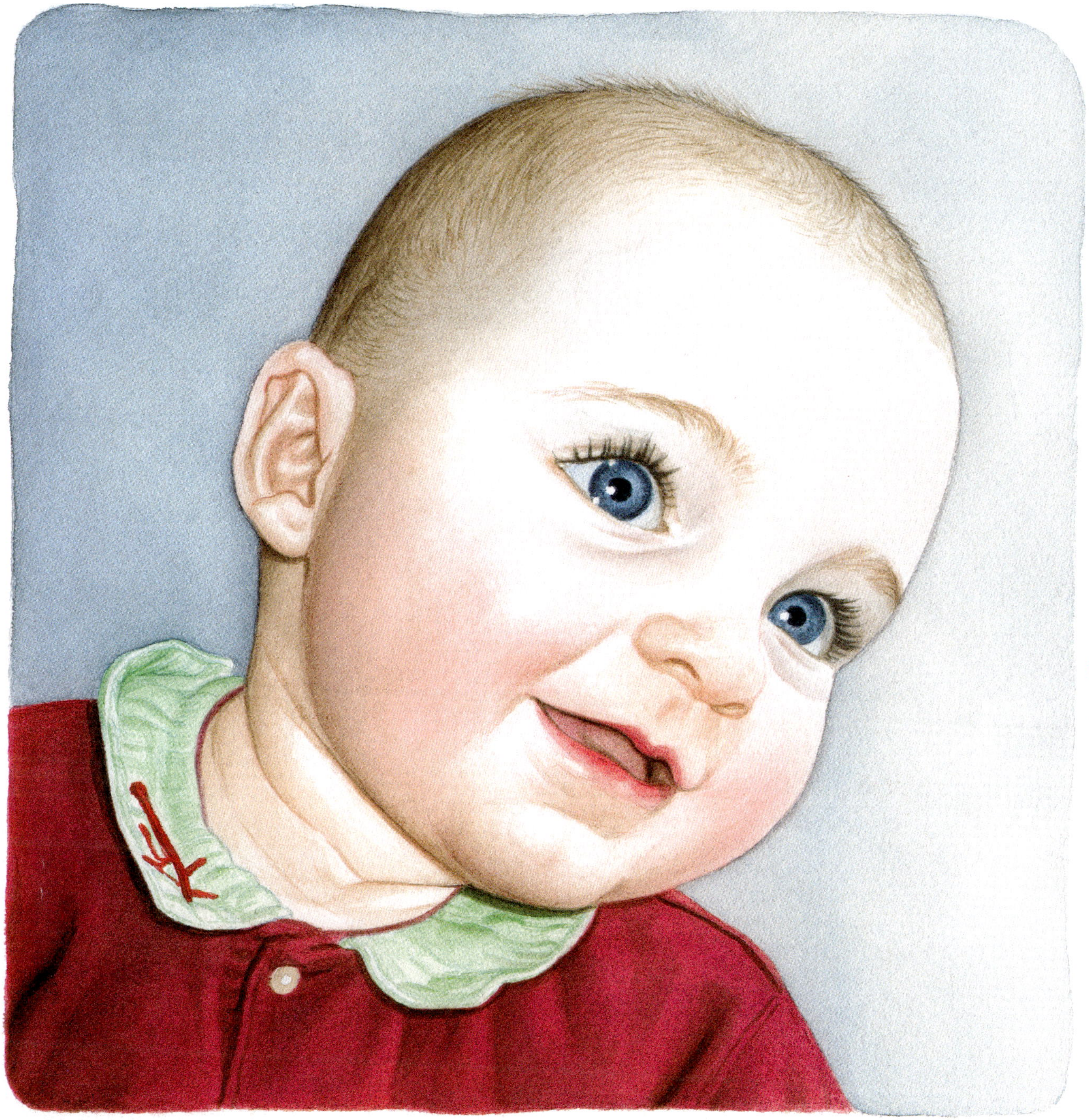

▲ **10 Composition finale.**
Peindre le fond en gris de Payne pour faire ressortir le rose très pâle du visage. Laisser sécher, puis ajouter les derniers détails avec un pinceau très fin et peu chargé : les sourcils, les petites veines, les cheveux, etc. Travailler avec légèreté pour conserver au modèle toute sa délicatesse.

FEMME AU CHIGNON

CE PORTRAIT DE FEMME EXPRIME LA MATURITÉ RAYONNANTE ; LES COULEURS CHAUDES DU VISAGE BAIGNÉ DE LUMIÈRE CONTRASTENT AVEC L'ARRIÈRE-PLAN TRÈS SOMBRE. LE CRAYON DE COULEUR EST IDÉAL POUR DONNER DE LA MATIÈRE AU FOND ET POUR DESSINER LES MÈCHES DE CHEVEUX ET LES DÉTAILS DU TISSU DE LA ROBE.

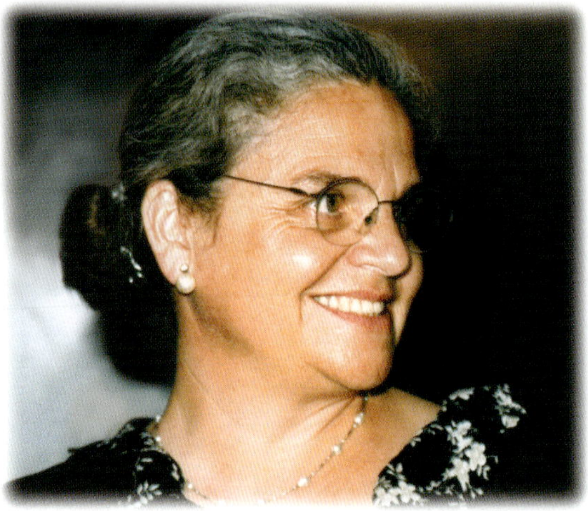

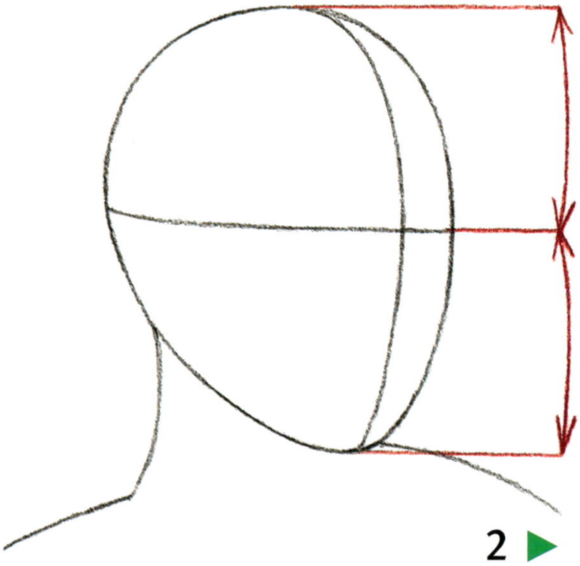

1

Pour la tête, dessiner un ovale incliné et pointu à sa base. Placer la ligne des yeux au milieu de cet ovale.

2

Partager la distance qui sépare le menton de la ligne des cheveux en trois parties égales. Ces repères serviront à placer les sourcils et la base du nez.

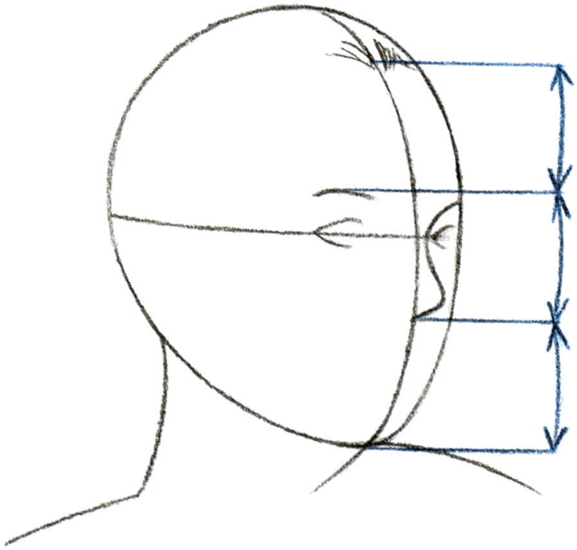

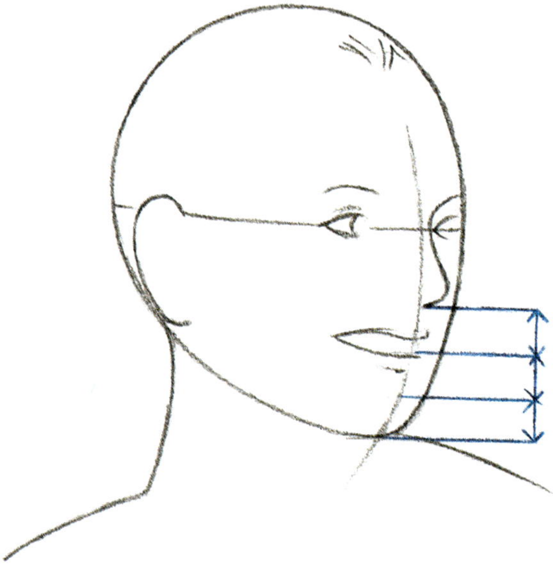

3

Esquisser l'oreille au niveau des yeux. Dessiner la bouche au tiers de la distance qui sépare la base du nez du menton.

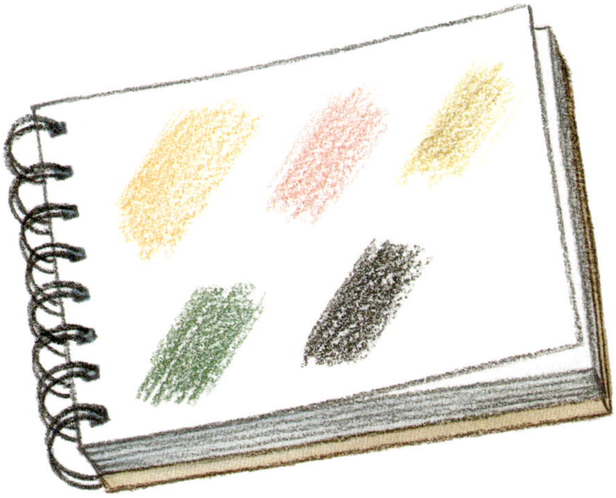

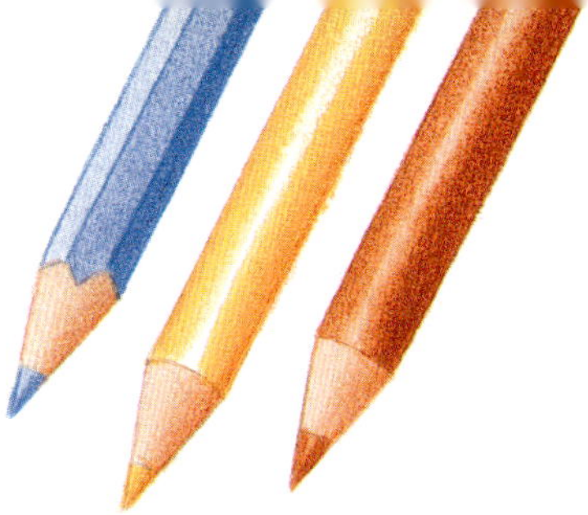

MATÉRIEL

• Papier à dessin à grain fin • Crayon HB • Gomme « mie de pain » • Estompe • Crayons de couleur : orange, rose, ocre jaune, ocre rouge, vert clair, vert sapin, noir

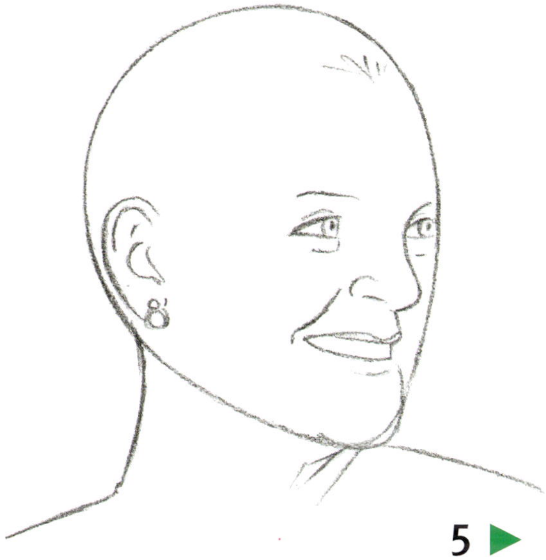

◀ 4
Gommer les traits de construction et indiquer les premiers détails : l'intérieur de l'oreille, le pli des yeux, le sourire. Arrondir le menton.

5 ▶
Indiquer le mouvement des cheveux, affiner la pommette et placer les lunettes.

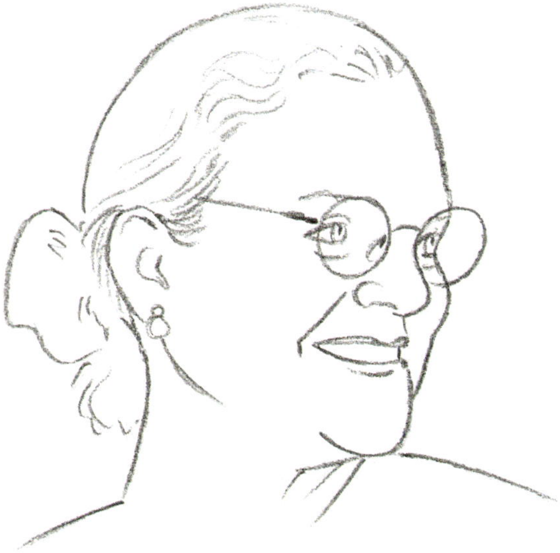

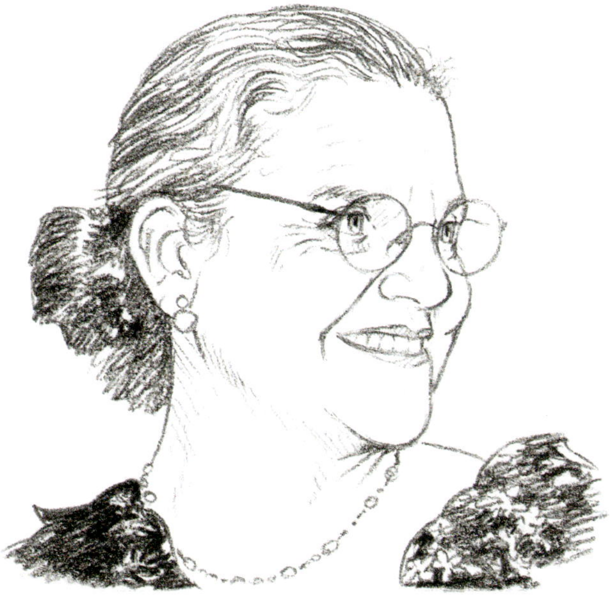

◀ 6
Travailler le volume par de légers traits de crayon. Insister sur la robe et sur le chignon pour faire ressortir le visage.

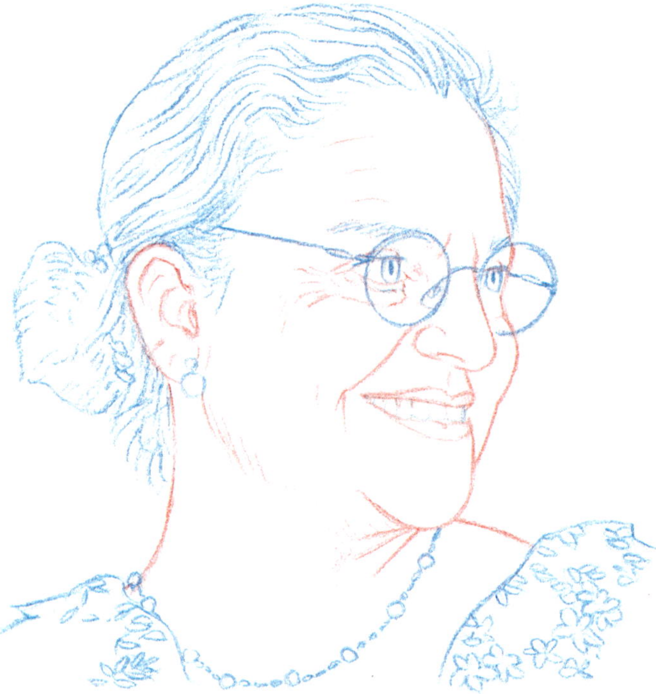

◀ 7

Reporter les contours par transparence avec des crayons bleu et rouge pour différencier les couleurs chaudes des couleurs froides.

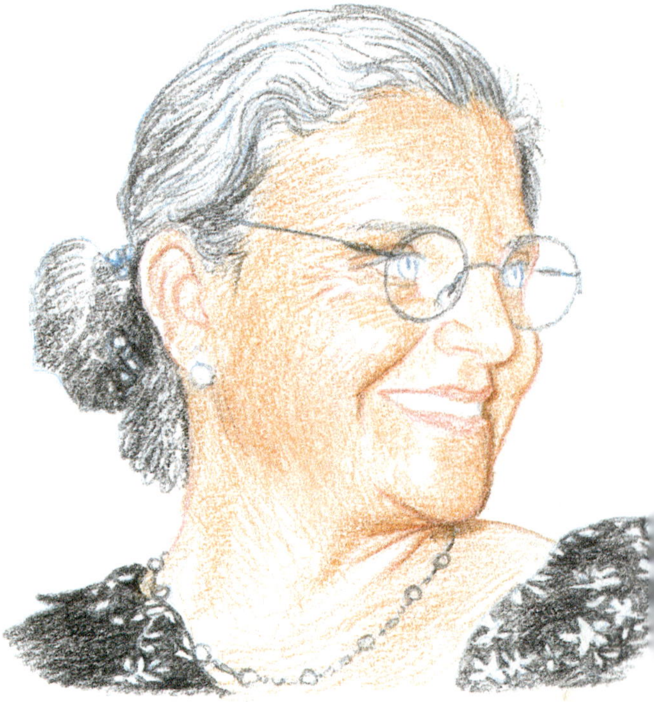

8 ▶

Colorier la peau avec le crayon orange enrichi de rose sur la pommette. Laisser en réserve les éclats les plus lumineux.

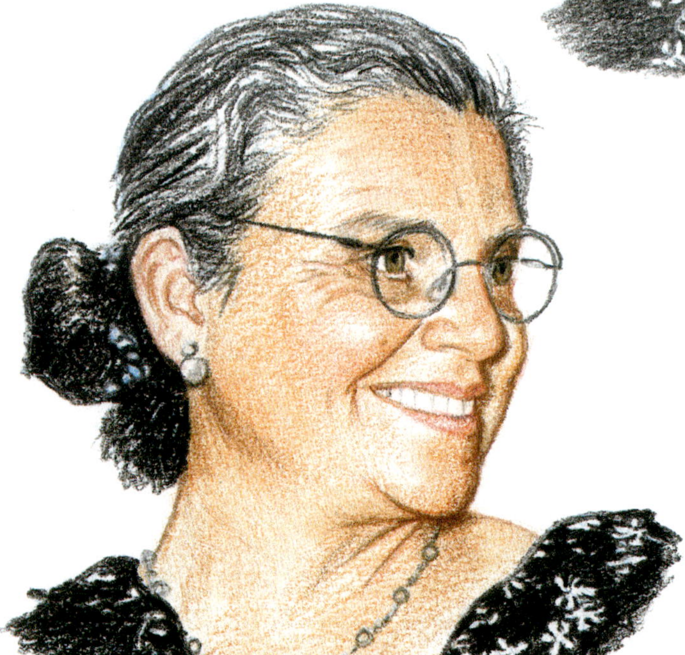

◀ 9

Renforcer les contrastes et détailler les principaux éléments du visage : le regard, les rides d'expression, le sourire.

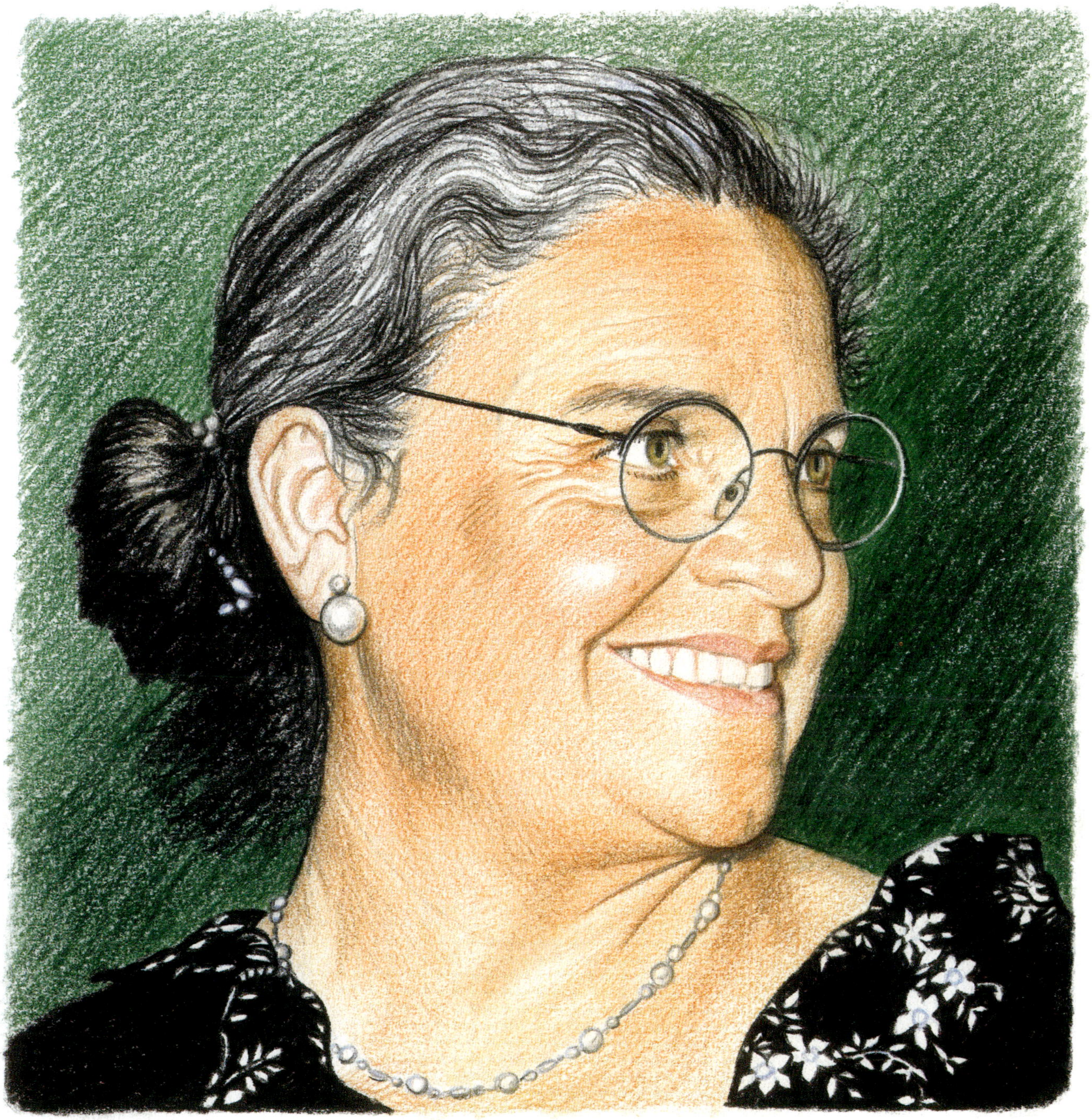

▲ **10 Composition finale.**
Pour le fond, superposer des couches de plus en plus soutenues de vert sapin. Laisser la monture des lunettes en réserve sur l'arrière-plan. Dessiner en rose les espaces entre les dents. Affiner les derniers détails, comme les motifs de la robe et les perles du collier. Ne pas oublier de fixer !

SÉRIE NOIRE

CE JEUNE HOMME APPUYÉ CONTRE UN MUR DE BRIQUES EST-IL LE HÉROS D'UN FILM POLICIER ? EN AUGMENTANT LES CONTRASTES ET EN SIMPLIFIANT LES MASSES, LE FEUTRE NOIR DONNERA UNE AMBIANCE SINGULIÈRE AU DESSIN. DÉFINISSEZ BIEN VOS TRAITS AVANT DE PASSER AU FEUTRE ; AU BESOIN, REPORTEZ PLUSIEURS FOIS VOTRE PORTRAIT. POUR LES BRIQUES, ALTERNEZ LES ZONES BLANCHES, NOIRES ET HACHURÉES.

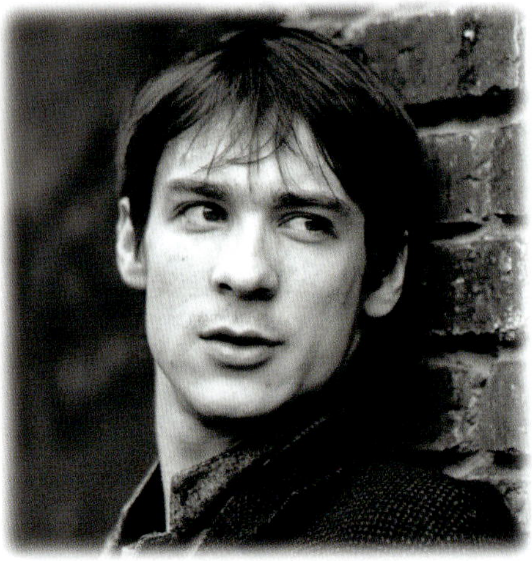

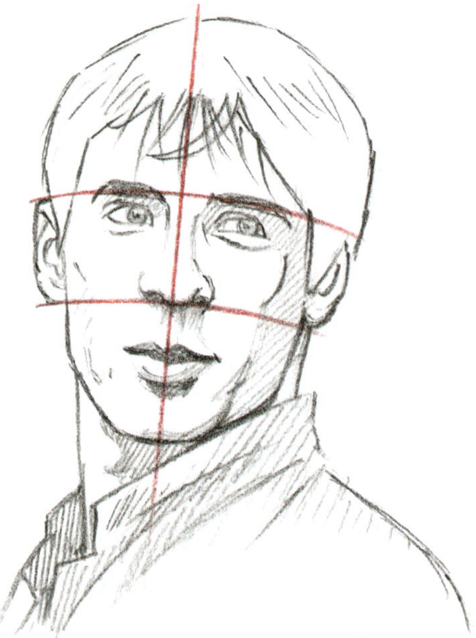

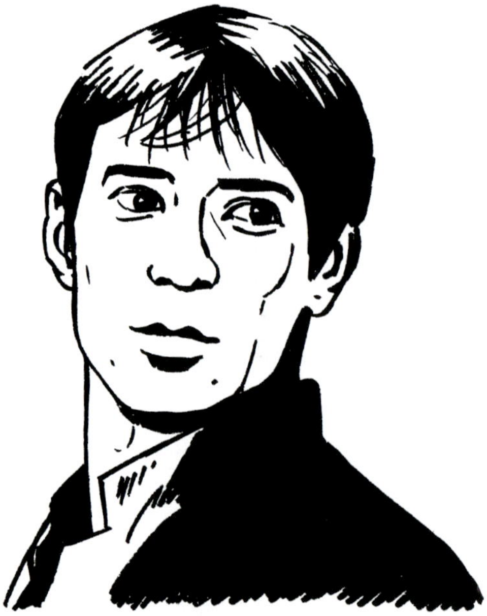

▲ 1
Esquisser le portrait au crayon, en indiquant les principales zones d'ombre. Travailler légèrement, sans trop appuyer.

▲ 2
Dessiner les contours d'un trait souple et fin. Accentuer les contrastes : l'ombre sur le cou, l'éclat des cheveux, etc. Laisser bien sécher, puis gommer.

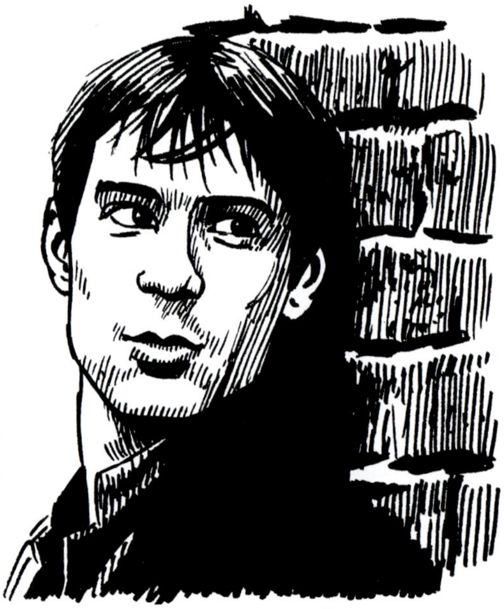

3 ▶
Donner du relief au visage en assombrissant certaines parties avec des hachures régulières. Suggérer le volume des briques sur le mur par un jeu de lignes parallèles.

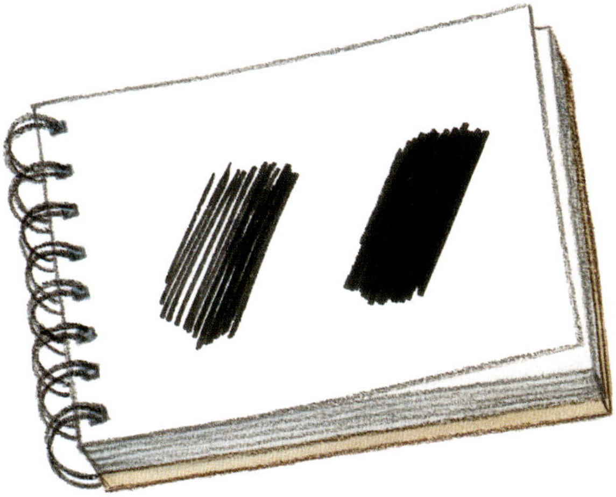

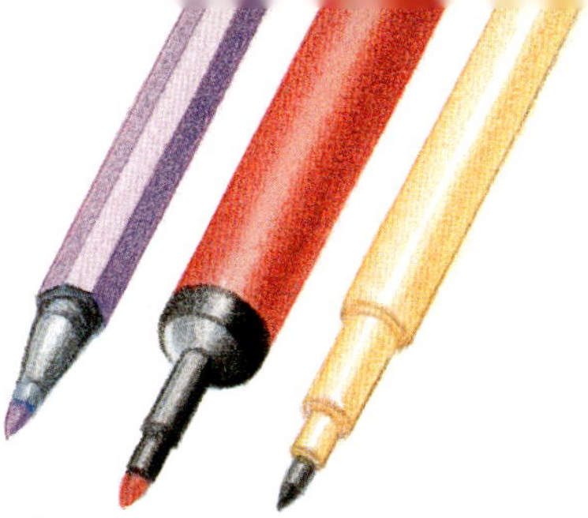

MATÉRIEL

• Papier à dessin lisse • Crayon HB • Feutres noirs (largeur : 0,5 mm, 0,7 mm et 1 mm).

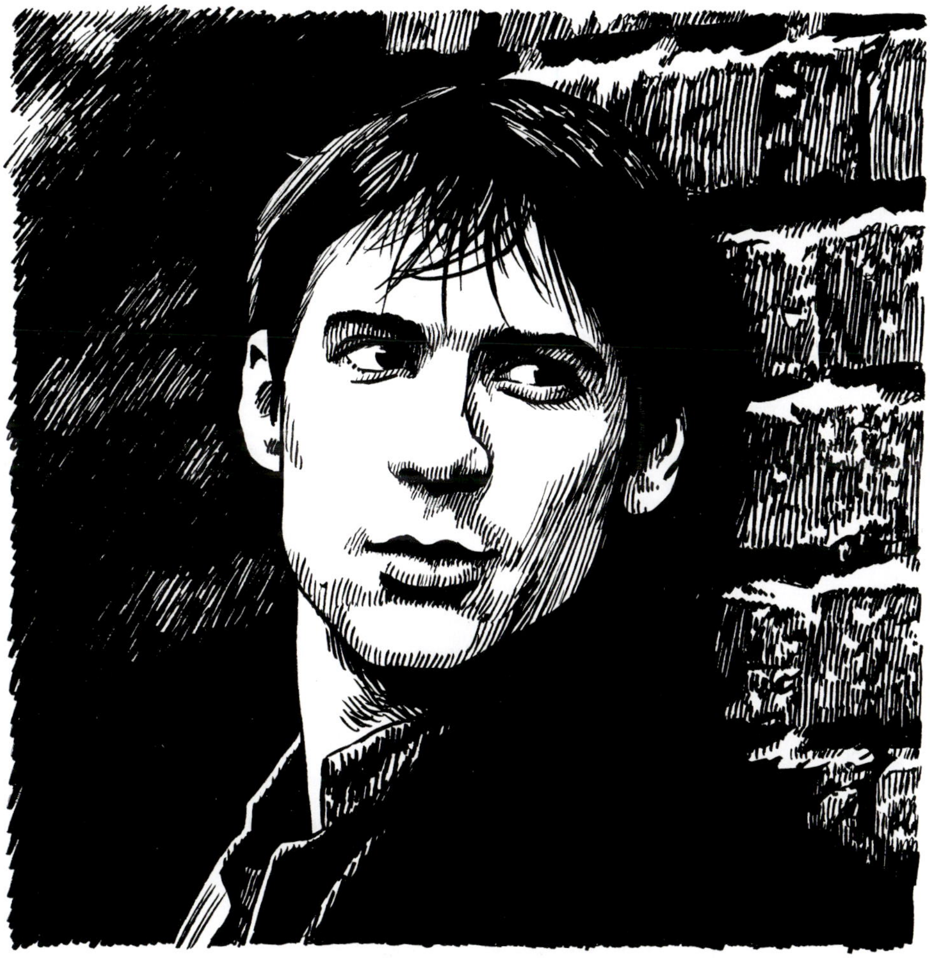

4 Composition finale.

C'est un travail très graphique, qui demande un dessin préparatoire parfaitement abouti. Il faut prendre garde à ne pas surcharger la composition par de trop nombreux traits, et éviter les croisillons. Les briques, le blouson et les cheveux sont travaillés avec un feutre de 0,7 mm ; les grands aplats noirs sont coloriés au feutre de 1 mm.

L'ÉCLAT DE RIRE

SUR CETTE PHOTO, L'APPAREIL A CAPTÉ L'INSTANT FUGITIF OÙ LE MODÈLE PERD SON SÉRIEUX ET ÉCLATE DE RIRE. CETTE EXPRESSION CRÉE DE NOMBREUSES PETITES RIDES ET FOSSETTES ; ATTENTION CEPENDANT À NE PAS VIEILLIR CETTE JOLIE JEUNE FEMME EN AYANT LA MAIN TROP LOURDE ! LÀ ENCORE, L'AQUARELLE VOUS PERMETTRA BEAUCOUP DE FINESSE ET DE TRANSPARENCE.

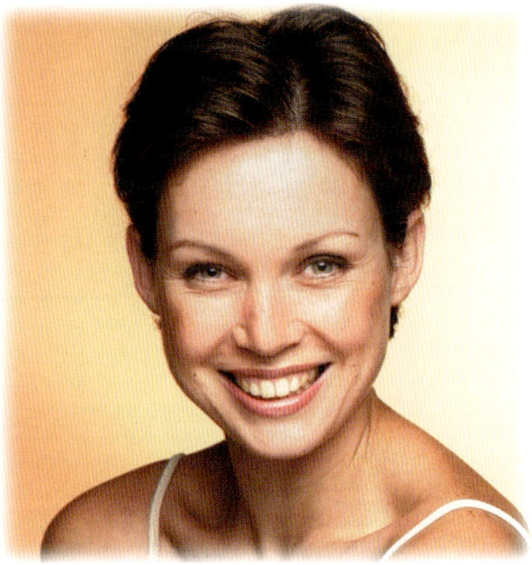

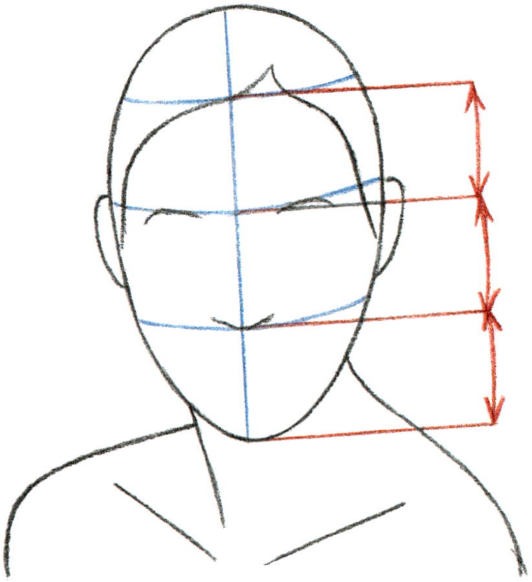

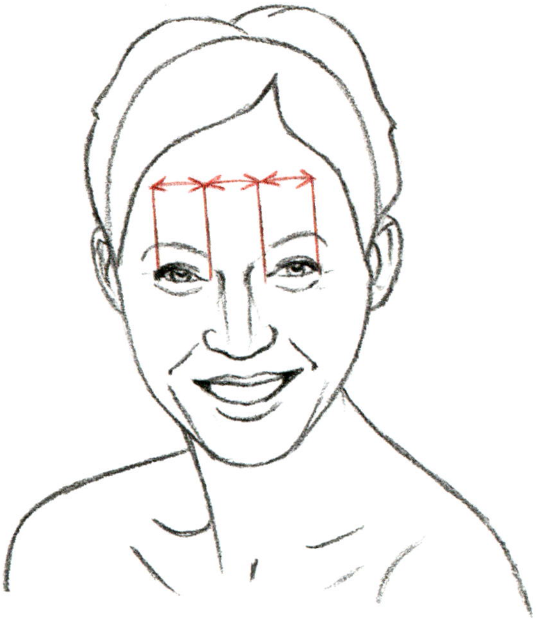

▲ 1
Tracer l'ovale du visage, la courbe du cou, les épaules. Repérer l'emplacement des sourcils et du nez. Esquisser les oreilles.

▲ 2
Détailler les yeux, la bouche, le creux des oreilles. Indiquer le volume des cheveux.

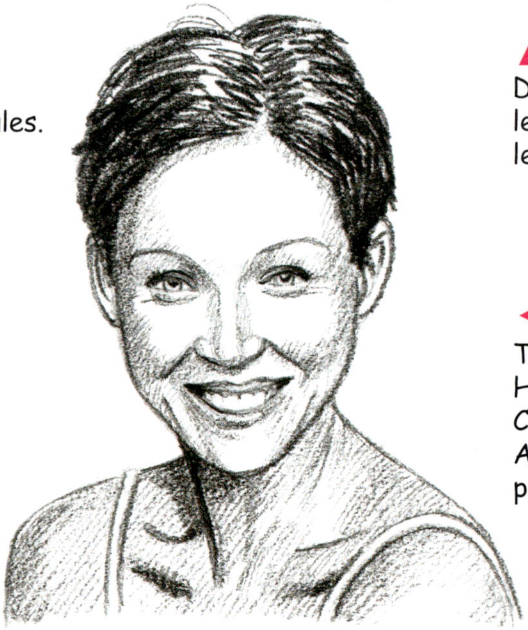

◀ 3
Travailler les ombres au crayon HB, les cheveux au crayon 2B. Creuser légèrement les clavicules. Avec un crayon bien taillé, préciser les yeux et le sourire.

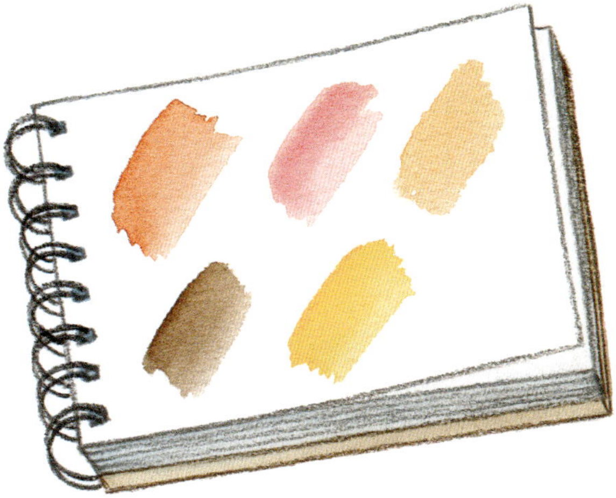

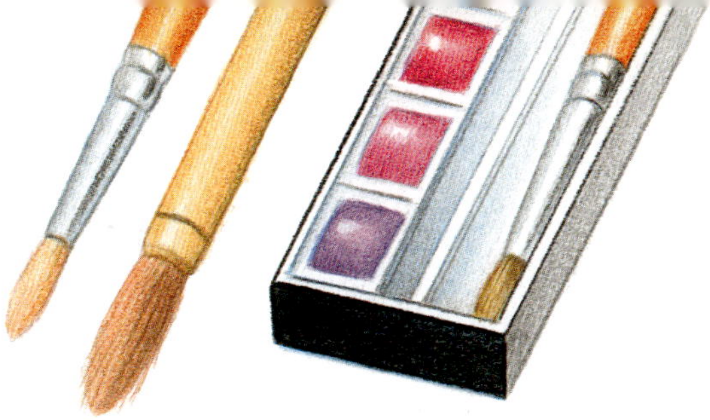

MATÉRIEL

● Papier chiffon ● Crayons HB et 2B ● Gomme ● 1 gros pinceau « petit gris » ● 2 pinceaux moyens ● 1 pinceau fin ● Aquarelle : ocre rouge, ocre jaune, terre d'ombre brûlée, rose de carthame, jaune d'or, vert.

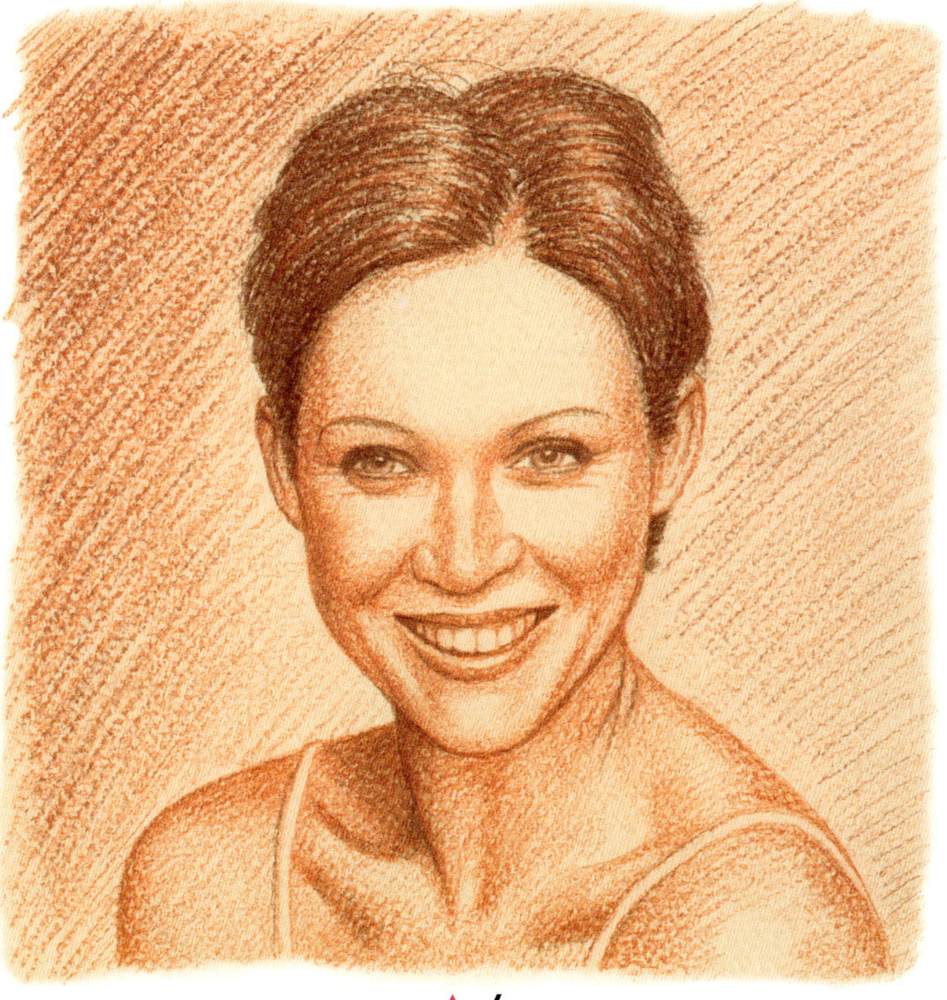

▲ 4

Voici une première esquisse réalisée sur un papier teinté avec trois crayons (sanguine, terre de Sienne naturelle et terre d'ombre brûlée). Dans ce traitement en camaïeu, utiliser la sanguine et la terre brûlée pour la couleur de la peau en laissant des zones vides pour les parties très éclairées ; foncer avec de la terre d'ombre dans les zones plus soutenues des cheveux et du fond. Fixer.

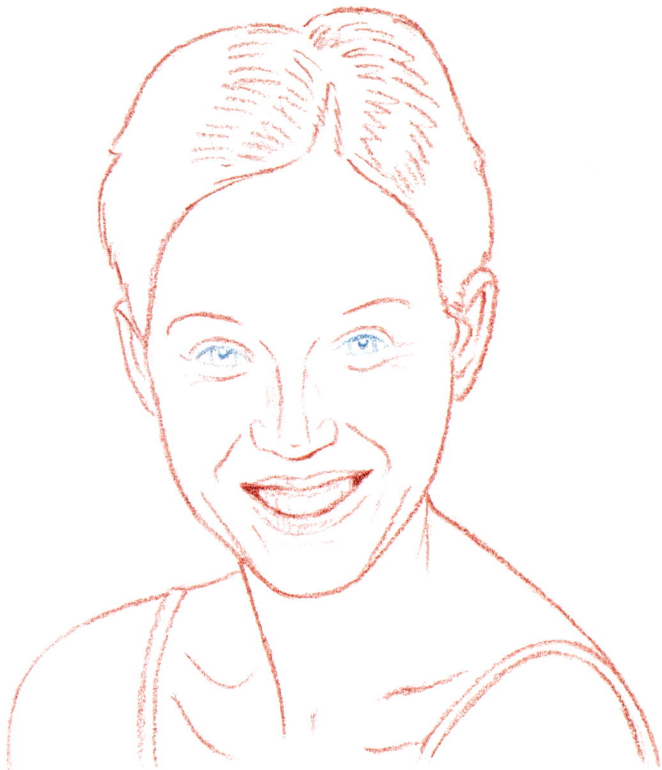

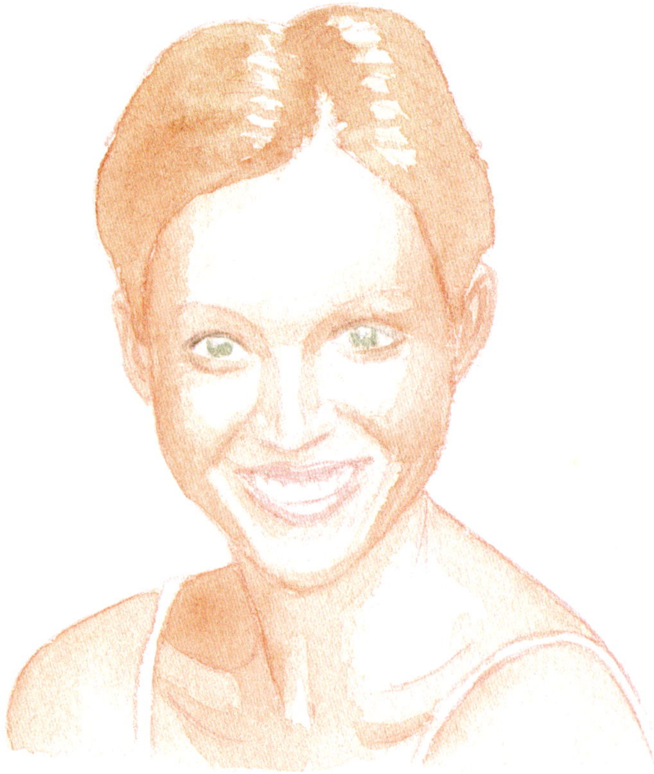

▲ 5

Reporter les contours sur le papier avec les crayons bleu et rouge selon les valeurs froides ou chaudes, sans trop appuyer.

▲ 6

Mouiller le papier. Laisser sécher.
Poser les premiers jus colorés en commençant par un mélange très léger d'ocre jaune et d'ocre rouge. Travailler autour de l'éclat de la joue.

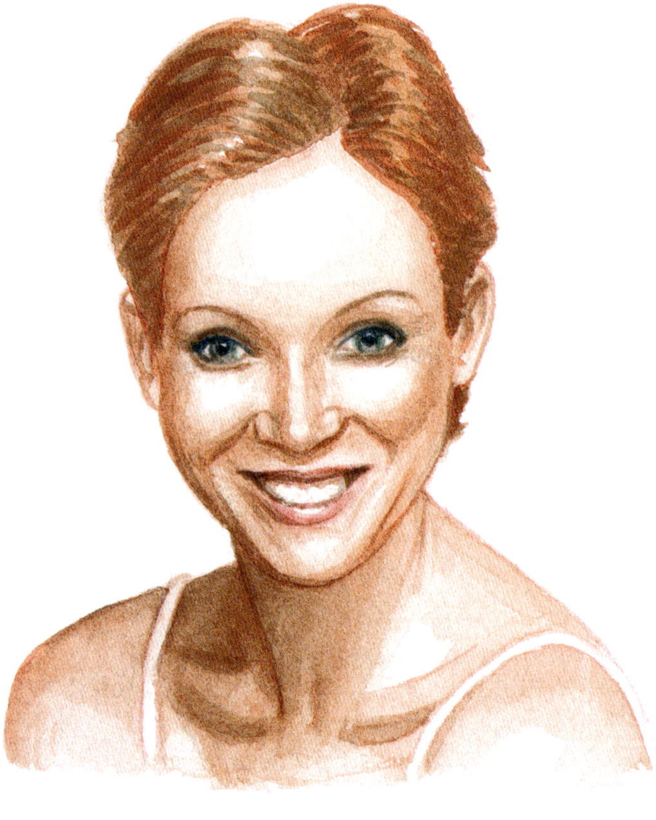

◀ 7

Foncer la couleur des joues en s'éloignant au fur et à mesure de l'éclat de lumière. Ajouter du contraste avec un peu de terre d'ombre sur les côtés du visage et sur les cheveux.

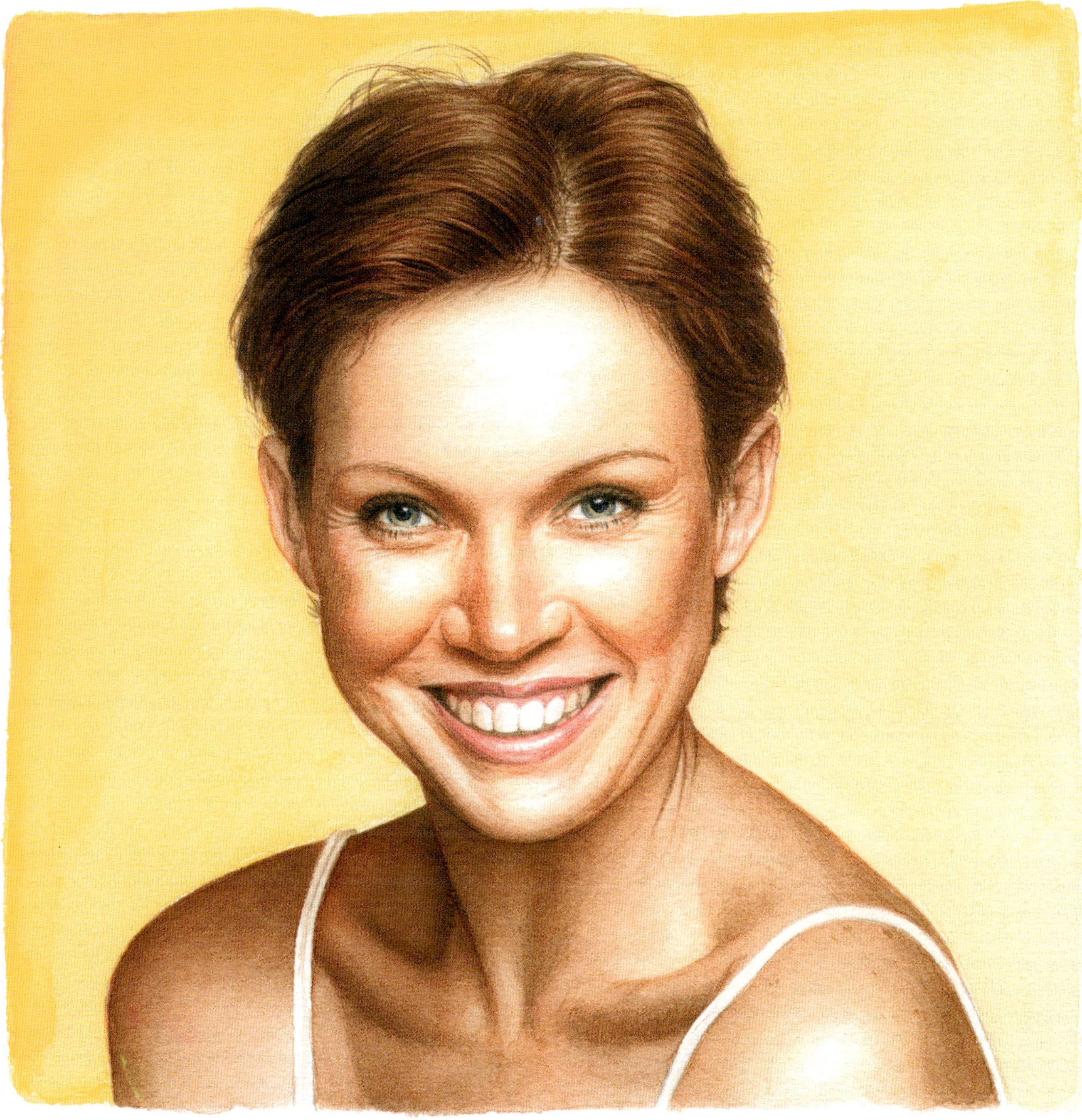

▲ 8 Composition finale.
Poser à l'arrière-plan un jaune légèrement dégradé pour faire ressortir le visage et les cheveux. Laisser sécher, puis ajouter les derniers détails avec un pinceau très fin et peu chargé : les sourcils, les cheveux, etc. En détachant les mèches dans les ombres des cheveux, éviter de revenir sur les parties claires : les reflets risqueraient de disparaître.

LE GRAND-PÈRE

UN VIEIL HOMME MÉDITE DANS SA BIBLIOTHÈQUE… OBSERVEZ SES CHEVEUX PARFAITEMENT COIFFÉS, SON COSTUME IMPECCABLE, SON NEZ DROIT, L'ÉCLAT DANS SON ŒIL. LA CRAIE BLANCHE SUR CE PAPIER BLEU-GRIS METTRA EN VALEUR LA DIGNITÉ DU PERSONNAGE.

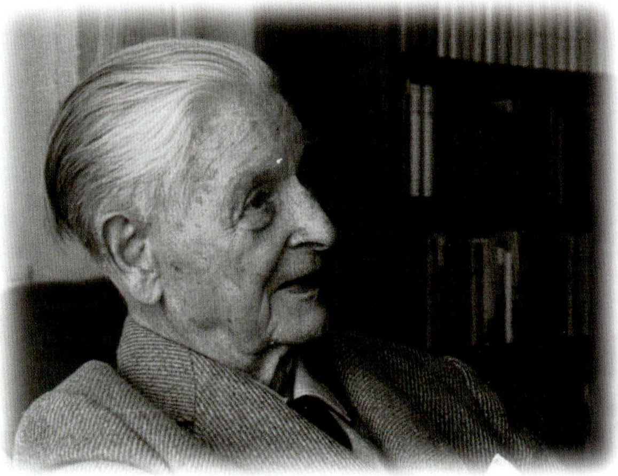

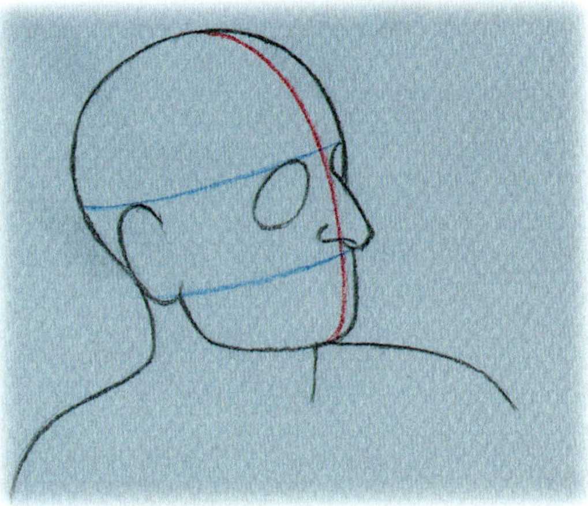

1

Ébaucher l'ovale de la tête, puis placer les lignes de construction du visage. Dessiner d'un trait souple la ligne des épaules. Indiquer le nez et l'oreille. Tracer un ovale à l'emplacement de l'œil.

2

Préciser les détails sans trop appuyer. Avec un crayon blanc, marquer les principales zones lumineuses du visage. Esquisser le mouvement des cheveux. Poser des rayures blanches pour suggérer le velours du costume.

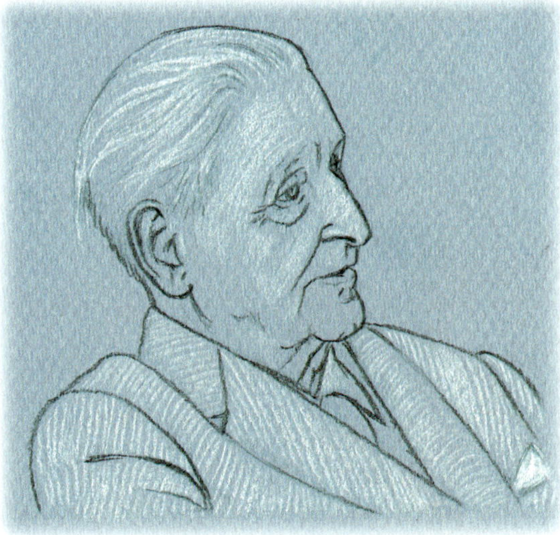

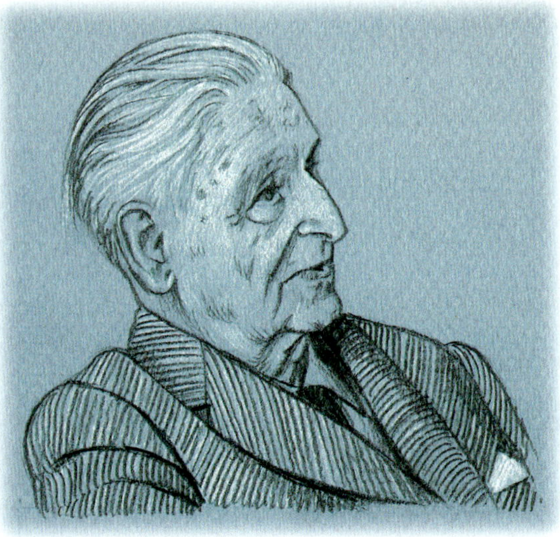

3

Travailler le volume avec un crayon noir bien affûté. Placer les ombres et terminer le costume.

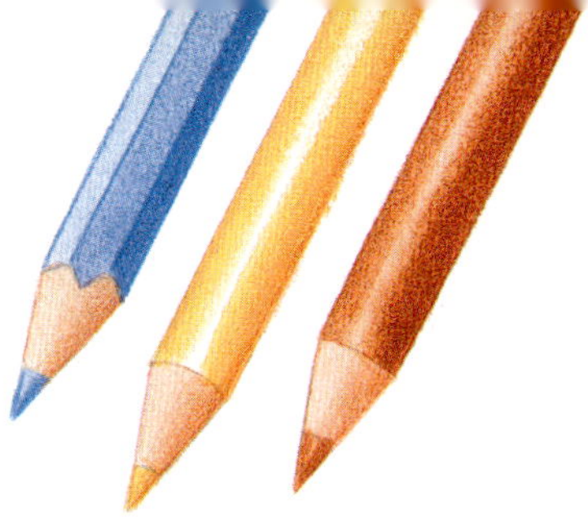

MATÉRIEL

- Papier à dessin à grain gris-bleu • Crayon HB
- Crayon blanc • Gomme • Estompe.

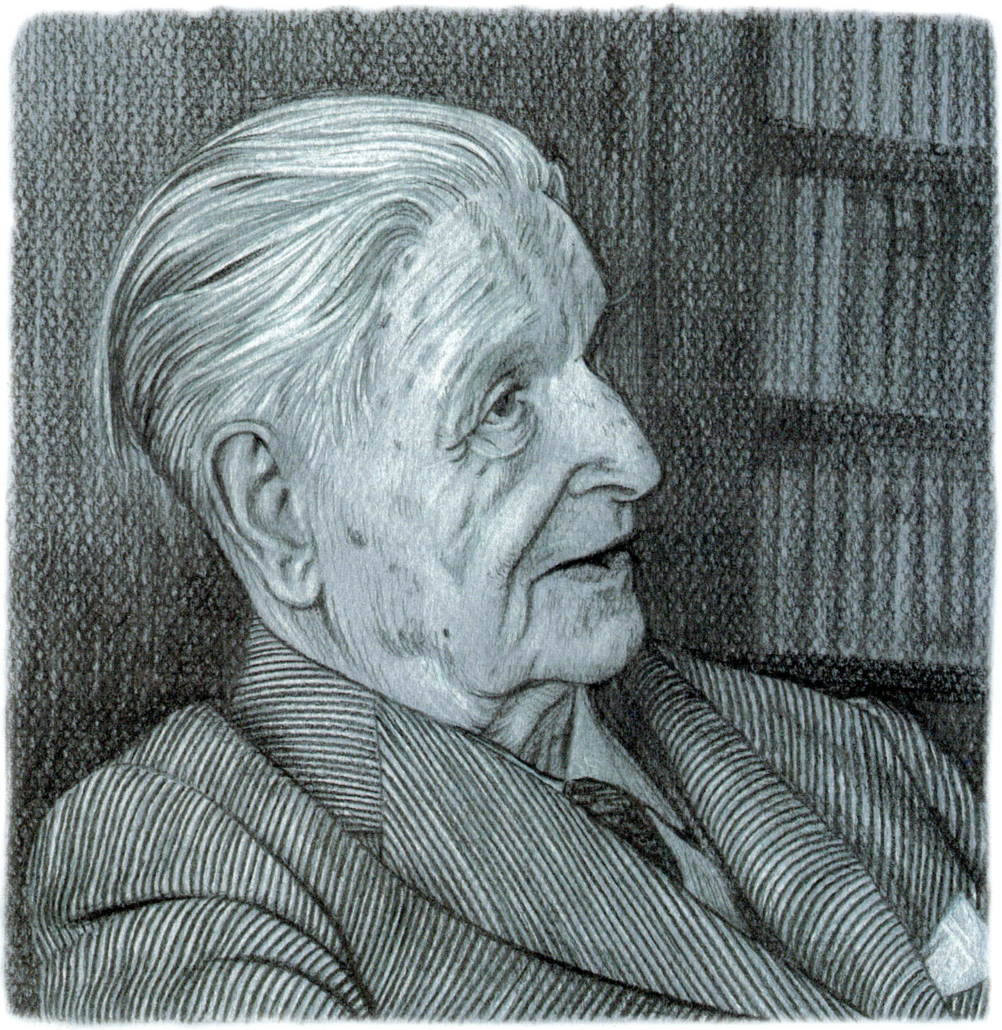

▲ 4 Composition finale.

Dans un dessin au crayon, inutile de se soucier du temps de séchage : l'exécution peut donc être lente et minutieuse. Il faut cependant prendre garde à ne pas frotter des parties déjà noircies avec la main. Pour faire ressortir le visage, assombrir progressivement le fond en respectant les contours. Passer une couche de fixatif.

PORTRAIT « POP-ART »

POURQUOI NE PAS TRANSFORMER UNE PHOTO EN NOIR ET BLANC EN UN PORTRAIT EN COULEURS ? SANS DOUTE SERAIT-IL DÉLICAT D'INVENTER LES COULEURS DU VISAGE, MAIS RIEN N'EMPÊCHE DE CHANGER LE FOND, D'AUTANT PLUS QU'IL S'AGIT ICI D'UNE TOILE ! CHOISISSEZ DES TEINTES TRÈS VIVES, QUI SE MARIENT BIEN AVEC LE GRIS.

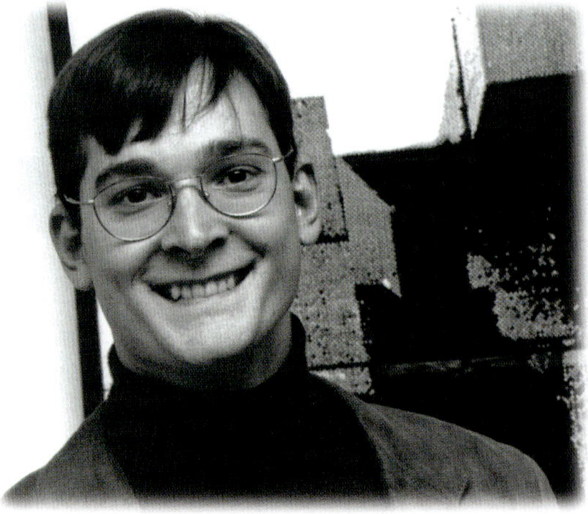

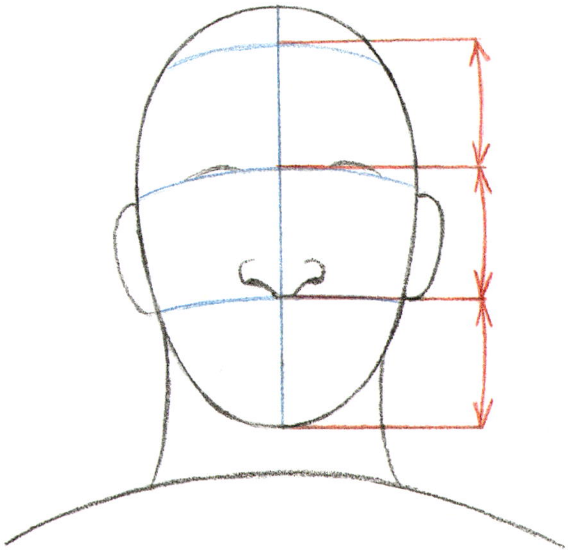

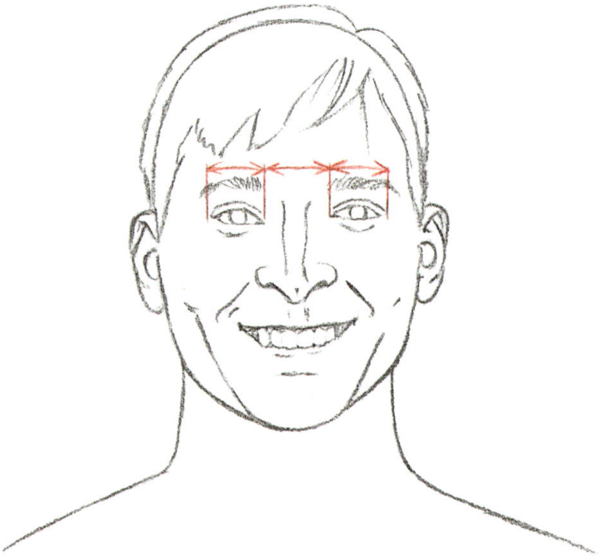

▲ 1

Dessiner l'ovale de la tête et tracer une verticale en son centre. Repérer l'emplacement du nez et de la ligne des sourcils. Indiquer les oreilles.

▲ 2

Détailler les traits du visage et placer les cheveux. La distance qui sépare les deux yeux est égale à un œil.

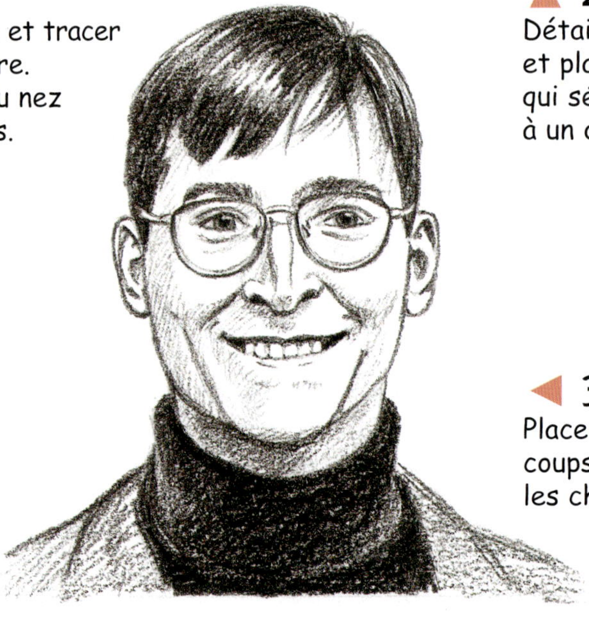

◀ 3

Placer les ombres par petits coups de crayon gras. Assombrir les cheveux et le pull-over.

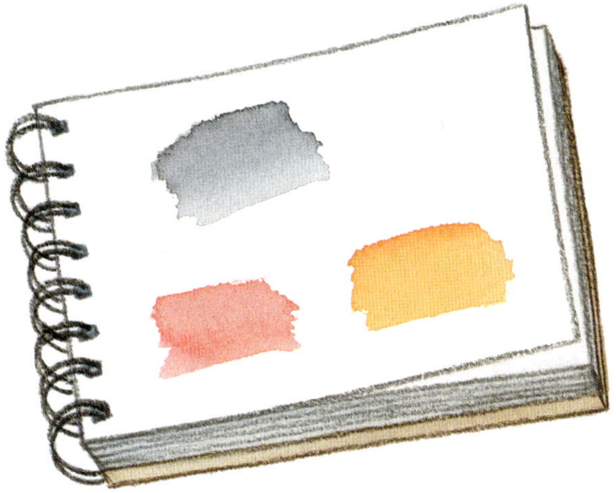

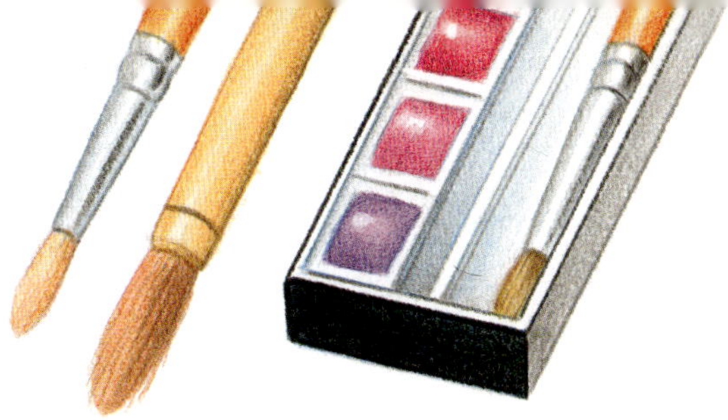

MATÉRIEL

● Papier chiffon ● Crayons HB et 2B ● Gomme ● 1 gros pinceau « petit gris » ● 2 pinceaux moyens ● 1 pinceau fin ● Aquarelle : gris de Payne, noir, jaune de cadmium, orange, rouge garance.

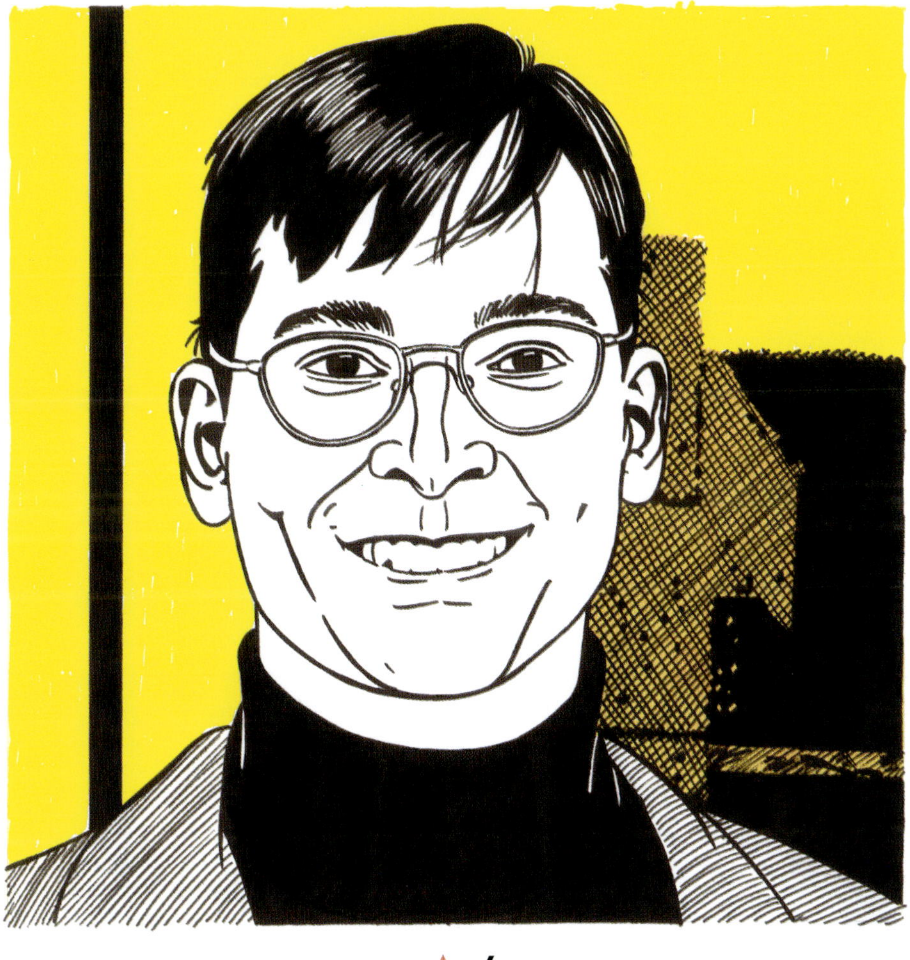

▲ 4

Voici une variante stylisée, exécutée au feutre noir fin sur un papier lisse à la manière de Roy Lichtenstein, l'un des plus célèbres représentants du pop-art. Reporter le dessin au crayon HB sans appuyer. Passer un aplat de feutre jaune d'or en travaillant toujours dans le même sens ; attendre qu'il sèche, puis poser les contours avec un feutre noir permanent de 1 mm. Pour dessiner les reflets, tracer un double trait au feutre 0,5 mm puis passer l'aplat de noir. Laisser sécher. Effacer le crayon.

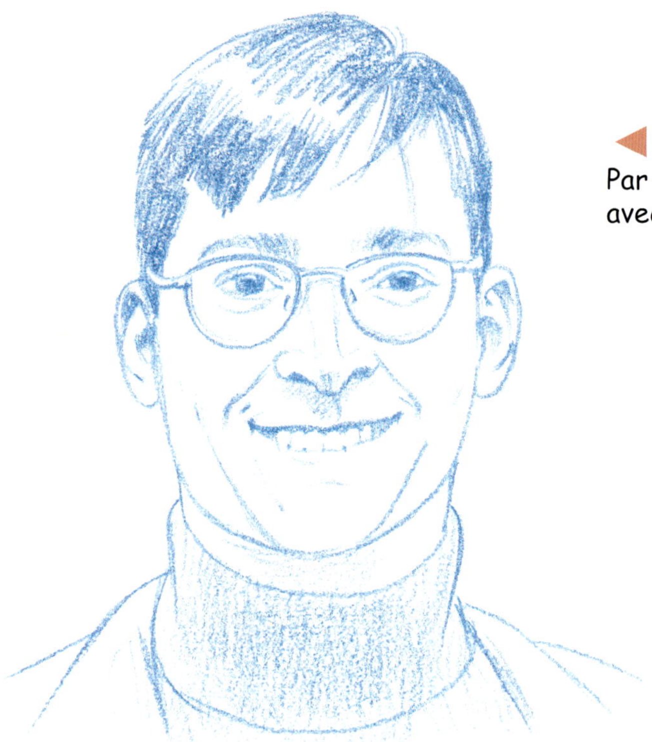

◀ **5**

Par transparence, reporter le dessin avec un crayon bleu, sans trop appuyer.

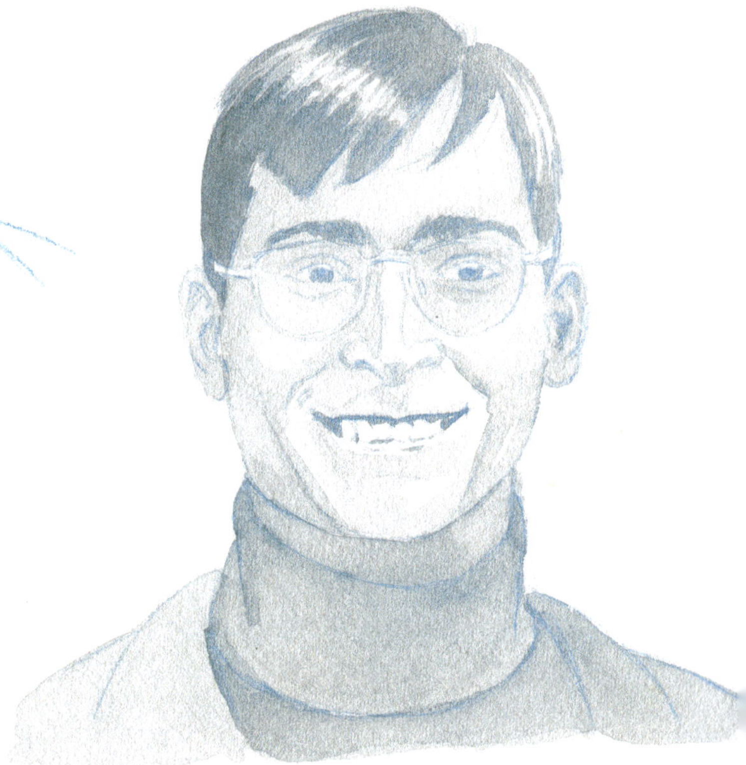

6 ▶

Mouiller le papier, puis laisser sécher. Poser un premier jus gris clair en laissant en blanc les parties éclairées, les yeux et les dents.

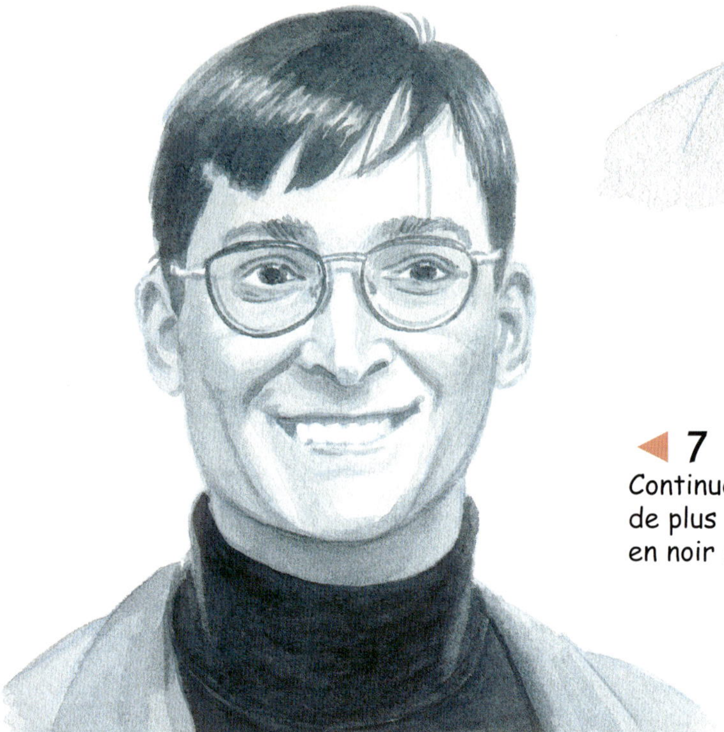

◀ **7**

Continuer à foncer les gris en s'éloignant de plus en plus des parties claires. Peindre en noir les cheveux et le pull.

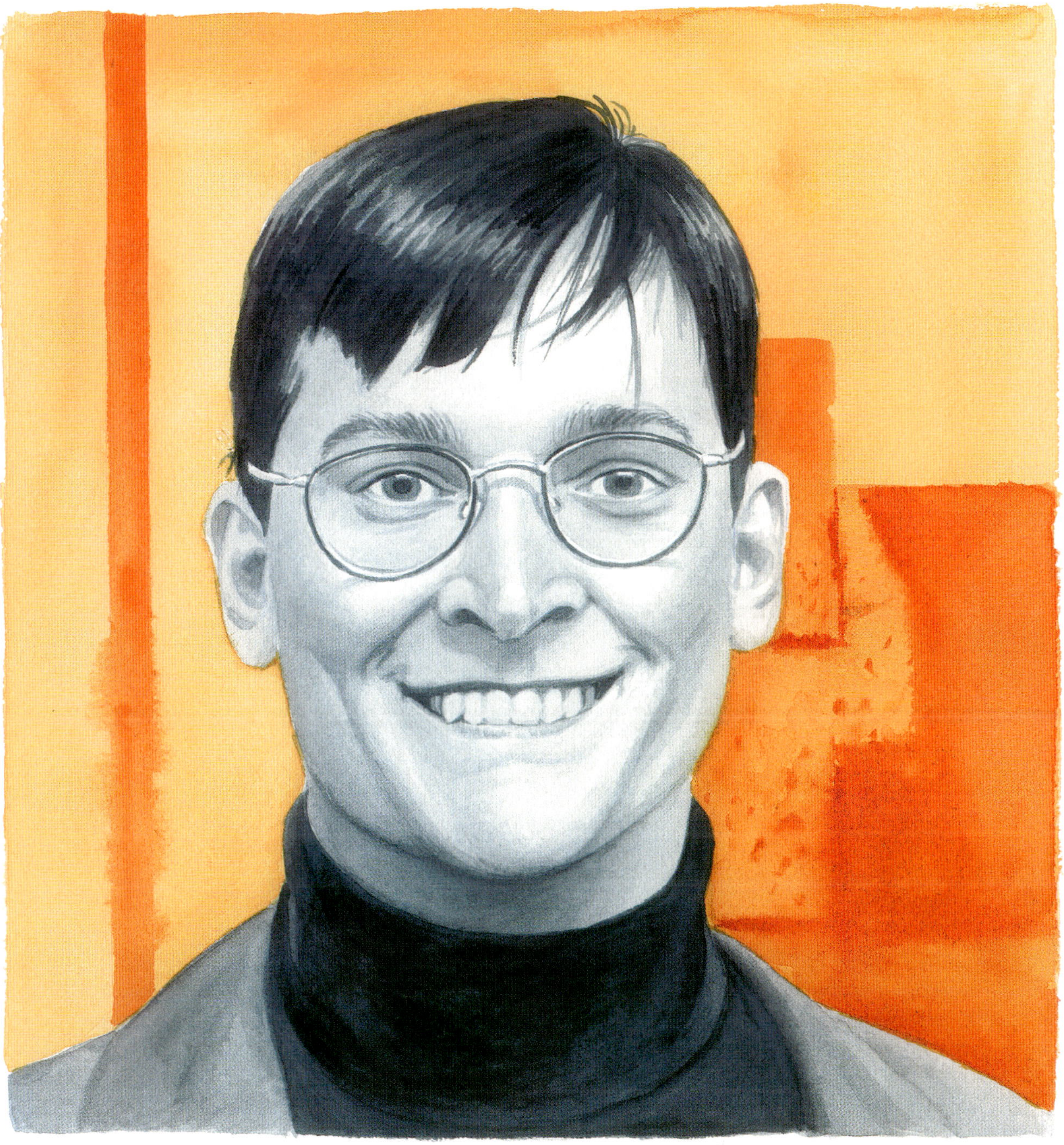

▲ **8 Composition finale.**

Laisser sécher le portrait. Pour le fond, déposer un jus de jaune de cadmium en faisant bien attention aux contours du personnage. Revenir sur le jaune encore humide avec de l'orange et du rouge pour obtenir des effets de bavures volontaires, en évitant de travailler trop près du personnage. Laisser sécher, puis indiquer les derniers détails en rouge.

La lecture

Cette enfant est plongée dans la contemplation de la couverture de son livre. Peut-être rêve-t-elle de ce qu'elle a lu ? On sent le soleil qui éclaire la table et le bras qui soutient le visage, et on a l'impression de sentir le poids de la joue dans sa main...

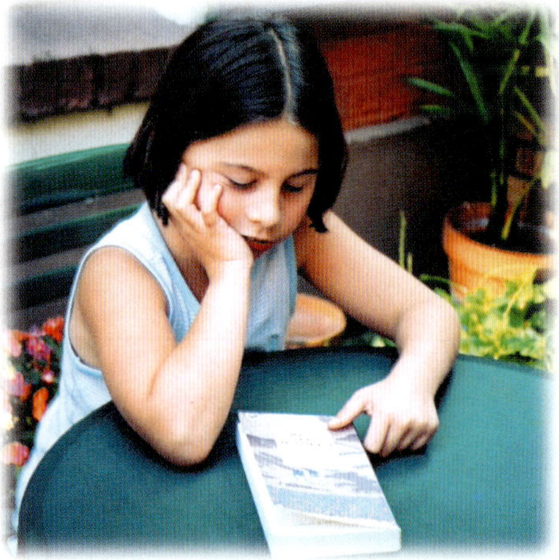

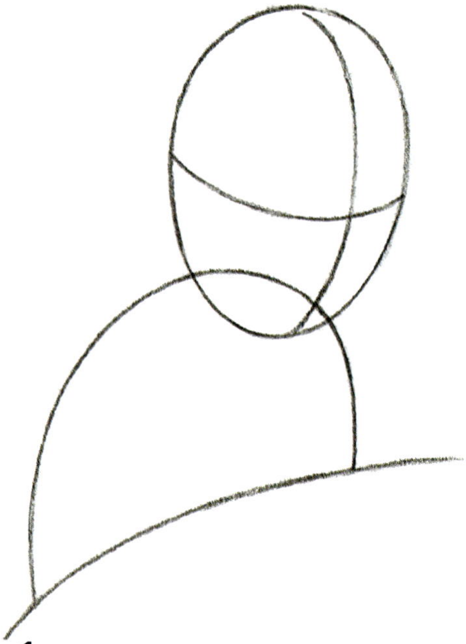

▲ 1
Dessiner un ovale pour la tête, un demi-ovale pour le corps, une courbe pour la table. Placer la ligne des yeux et le centre du visage.

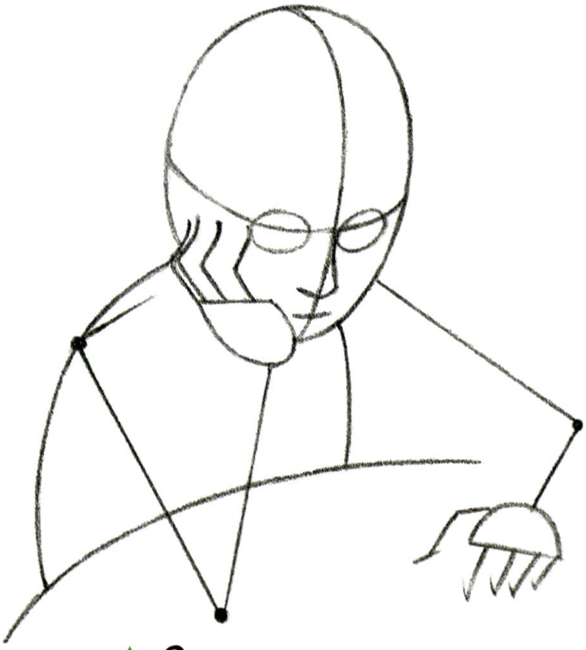

▲ 2
Indiquer la position des bras : le coude droit est appuyé sur la table, le bras gauche, posé, doit être traité en raccourci. Dessiner deux ovales pour les yeux, puis le nez et la bouche.

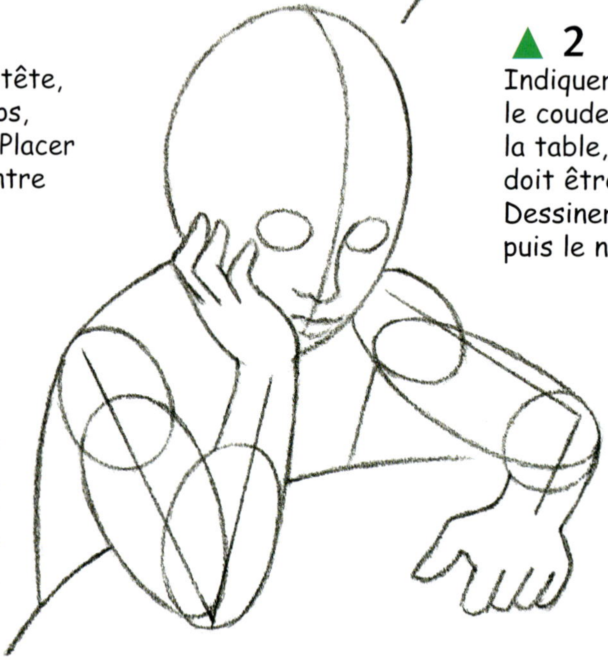

3 ▶
À présent, travailler les bras comme une série d'ovales se chevauchant partiellement. Affiner la forme des mains.

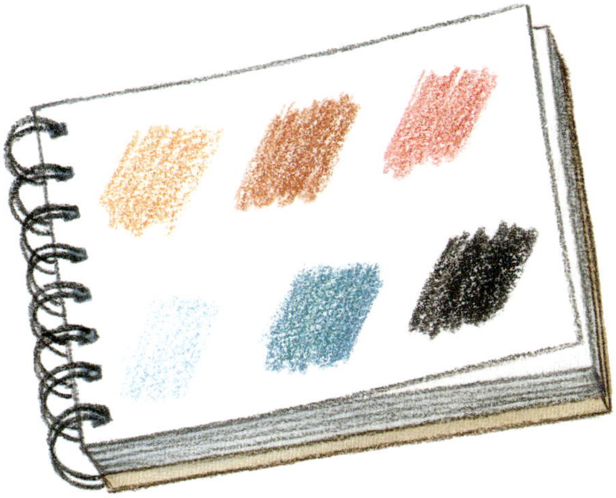

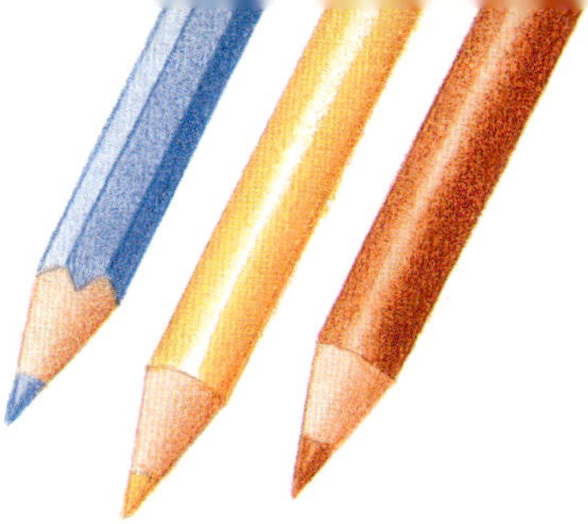

MATÉRIEL

- Papier à dessin à grain • Crayon HB
- Gomme « mie de pain » • Estompe
- Crayons de couleur : ocre jaune, ocre rouge, rouge carmin, bleu ciel, vert émeraude, noir.

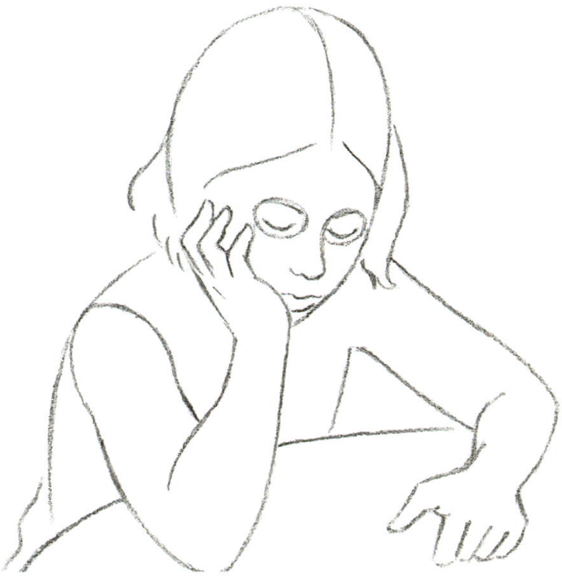

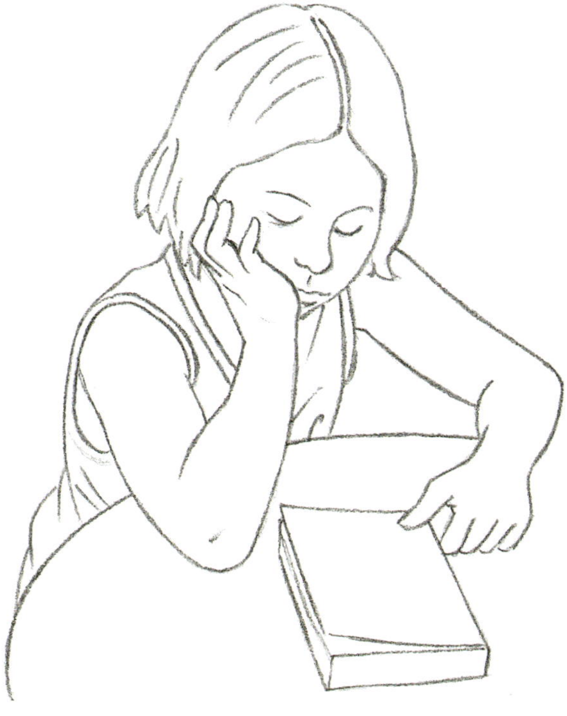

▲ 4
Effacer les traits de construction. Définir sommairement l'emplacement des cheveux.

5 ▲
Poser les détails : le livre entrouvert, le tee-shirt. Affiner les contours.

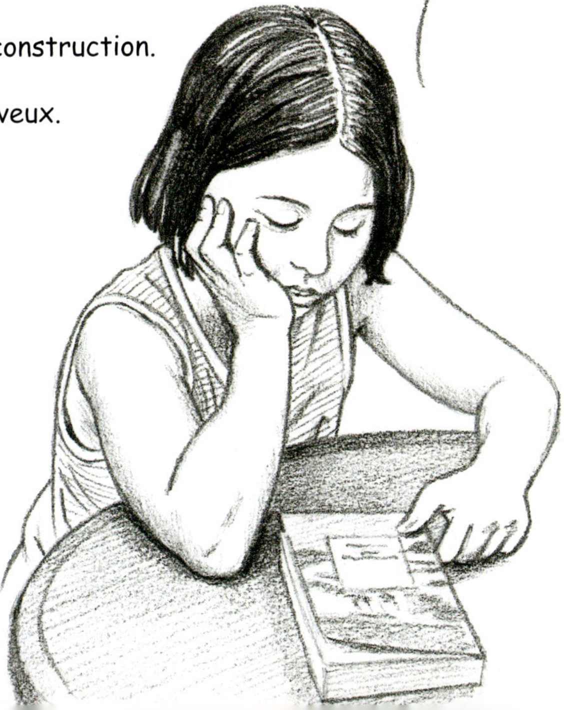

◀ 6
Placer les ombres en suivant l'arrondi des joues et des bras. Noircir les cheveux. Les hachures de la table sont parallèles et obliques.

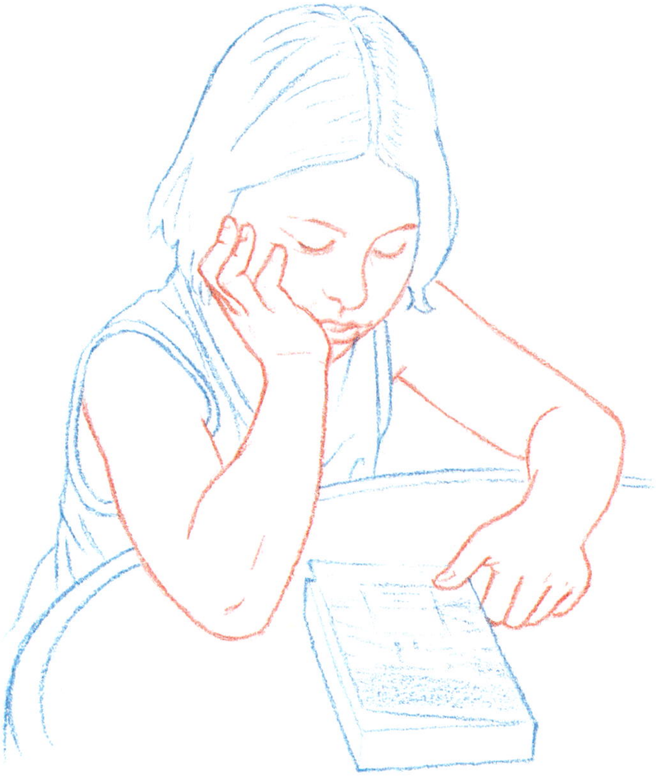

7

Reporter les contours au crayon rouge ou bleu selon les couleurs chaudes ou froides.

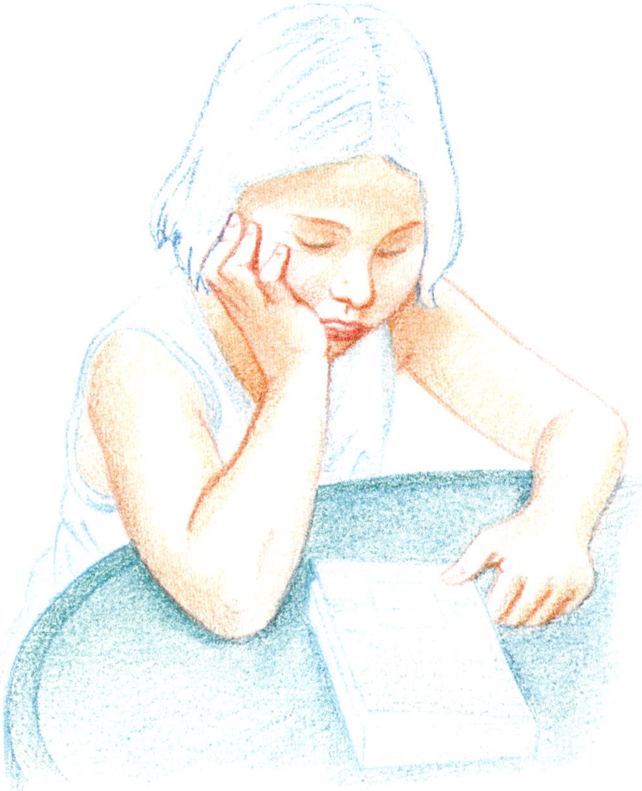

8

Gommer légèrement ces contours, puis colorier le visage et les bras en ocre jaune avec des hachures courbes. Laisser en réserve les parties éclairées.

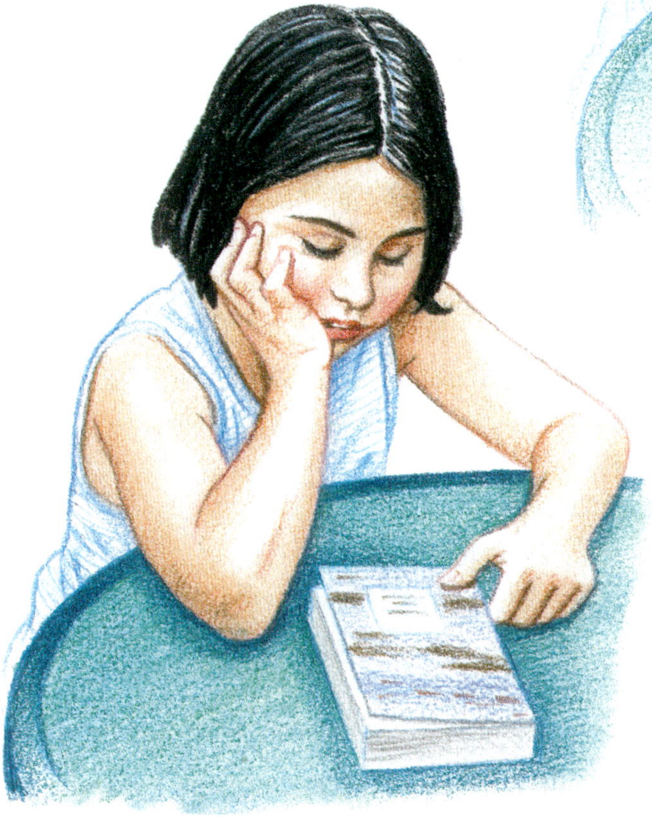

9

Densifier les parties ombrées du visage et des bras avec de l'ocre rouge. Colorier très légèrement les joues en carmin. Travailler la table en vert émeraude et souligner les reflets des cheveux en bleu.

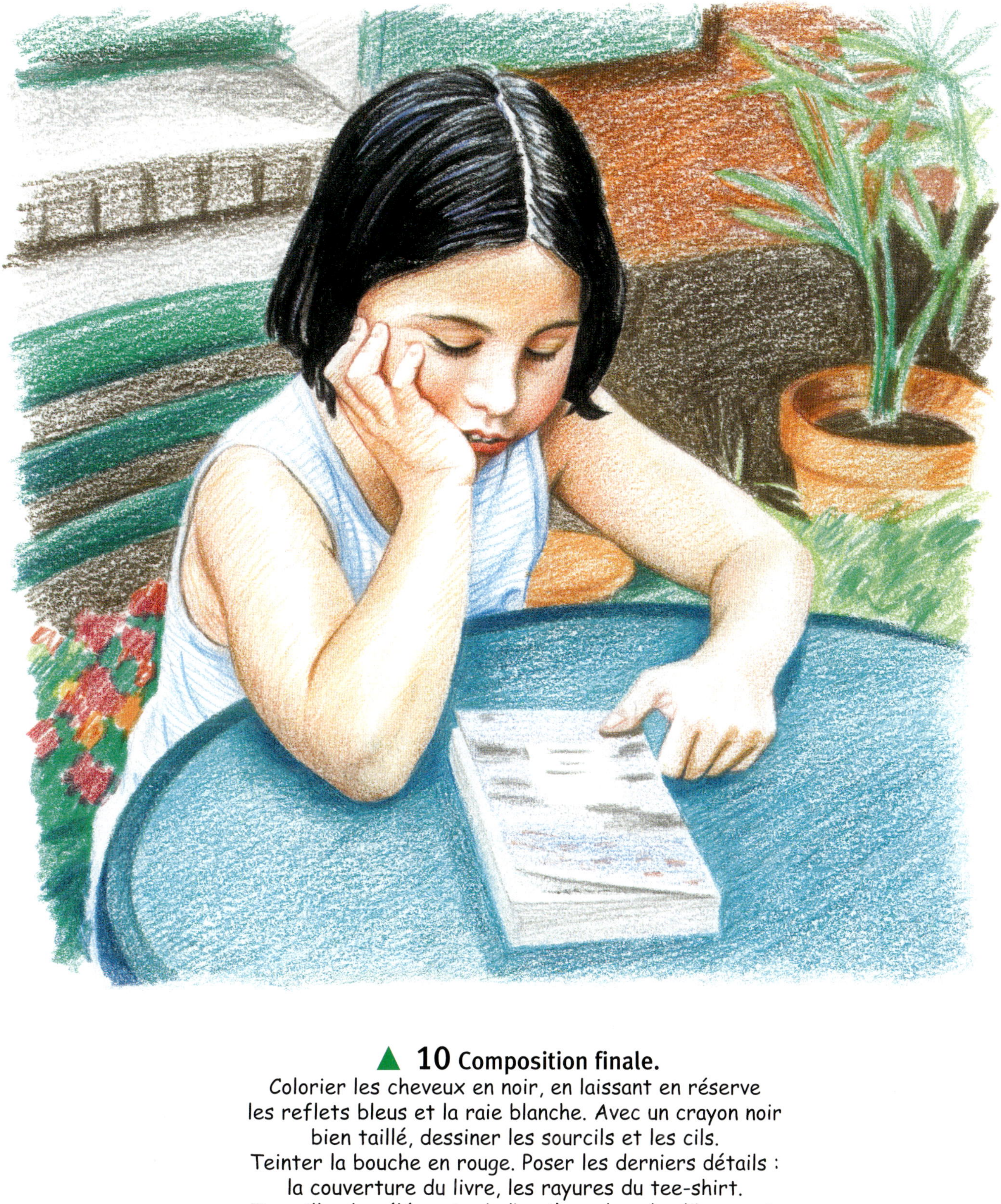

▲ 10 Composition finale.
Colorier les cheveux en noir, en laissant en réserve les reflets bleus et la raie blanche. Avec un crayon noir bien taillé, dessiner les sourcils et les cils. Teinter la bouche en rouge. Poser les derniers détails : la couverture du livre, les rayures du tee-shirt. Travailler les éléments de l'arrière-plan plus librement.

Père et fille

QUAND NOUS REGARDONS UN PORTRAIT, LUI-AUSSI NOUS REGARDE ET CET ÉCHANGE NOUS FASCINE. ICI, CE SONT QUATRE YEUX QUI NOUS OBSERVENT : COMMENT NE PAS ÊTRE TOUCHÉ PAR CETTE COMPLICITÉ FILIALE ET SOURIANTE ? POUR LA MAGNIFIER, SUPPRIMONS LE CANAPÉ DE LA PHOTO ET REMPLAÇONS-LE PAR UN CIEL LOINTAIN.

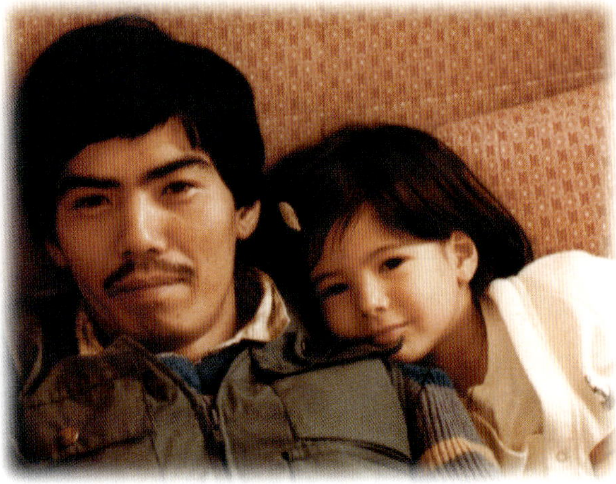

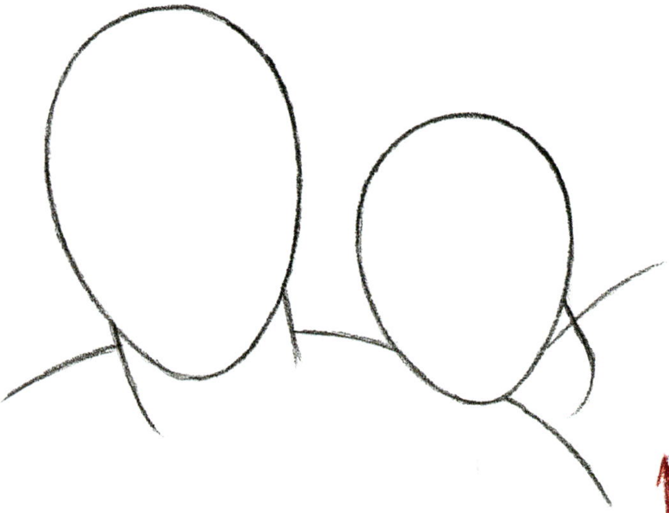

1
Dessiner les deux ovales des têtes, les cous et la ligne des épaules.

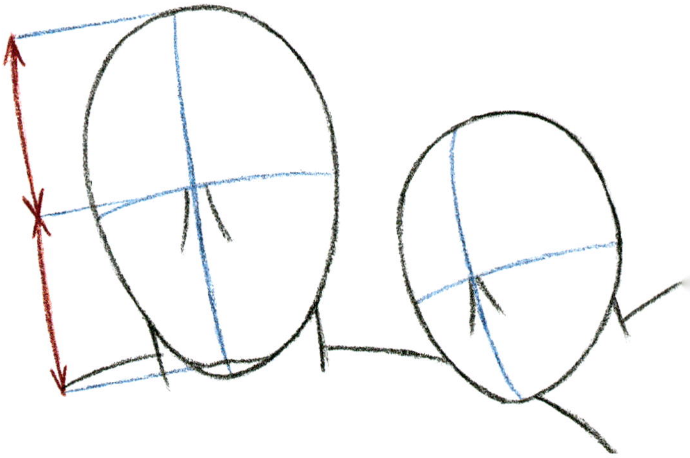

2
Placer les axes verticaux (axe du nez) et horizontaux (ligne des yeux). Marquer sommairement les ailes du nez.

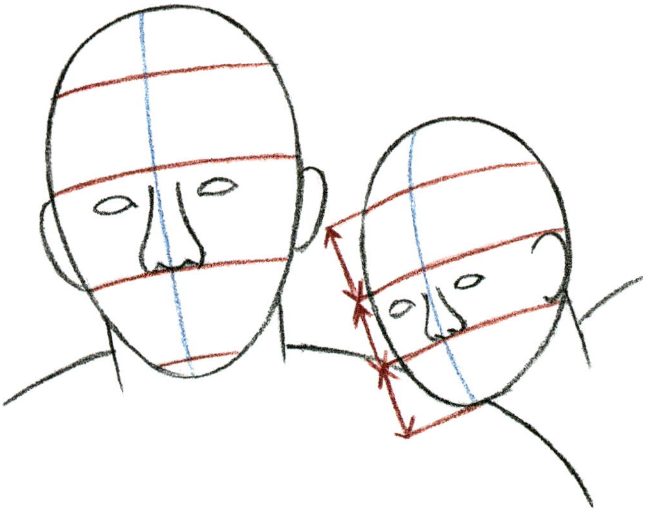

3
Diviser les visages en trois zones égales : de la racine des cheveux aux sourcils, des sourcils à base du nez, de la base du nez à la pointe du menton. Indiquer les oreilles.

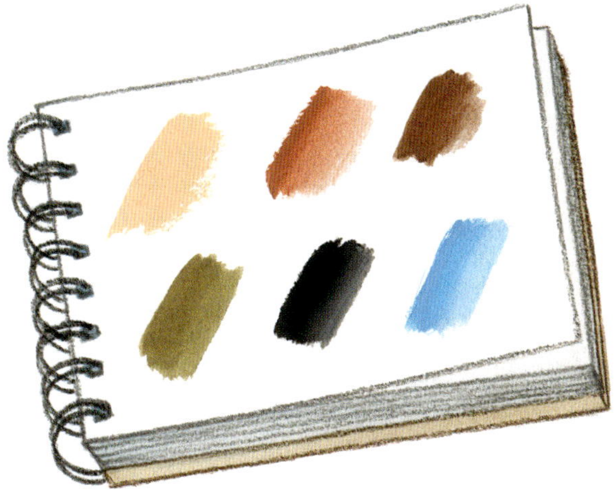

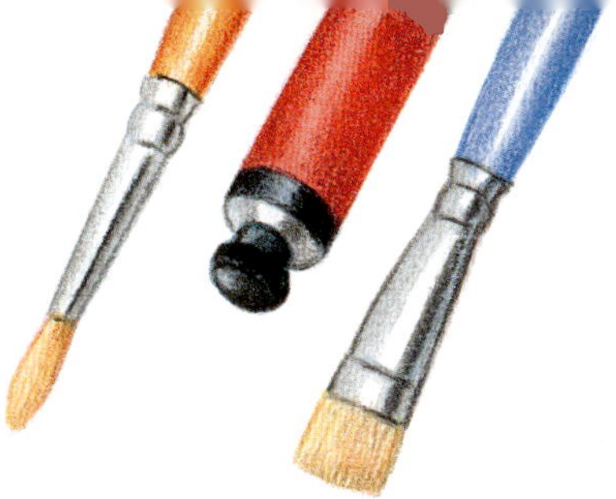

MATÉRIEL

- Papier à dessin épais ou papier chiffon • Crayon HB
- 1 petite brosse souple • 3 pinceaux moyens
- 1 pinceau fin • Gouache : ocre jaune, terre de Sienne naturelle, terre d'ombre brûlée, vert olive, noir, bleu de céruléum.

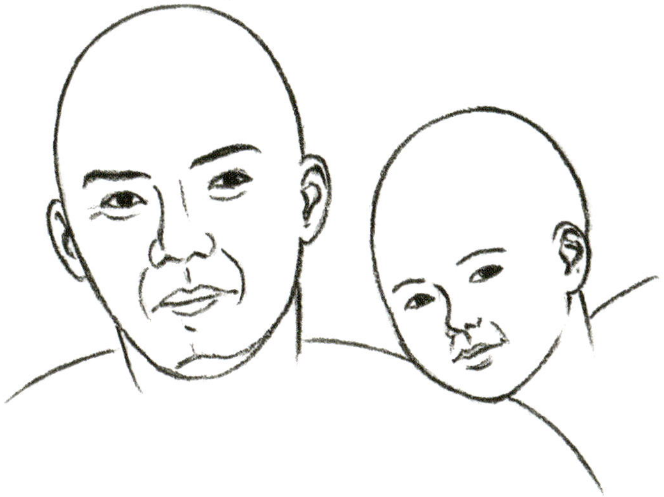

4

Placer chacun des éléments des visages. Marquer les rides d'expression des bouches.

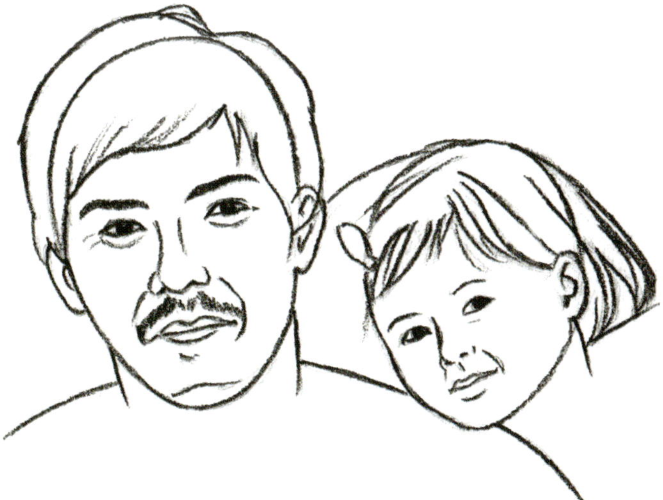

5

Dessiner le volume des cheveux qui dépasse le contour des têtes. Esquisser la moustache.

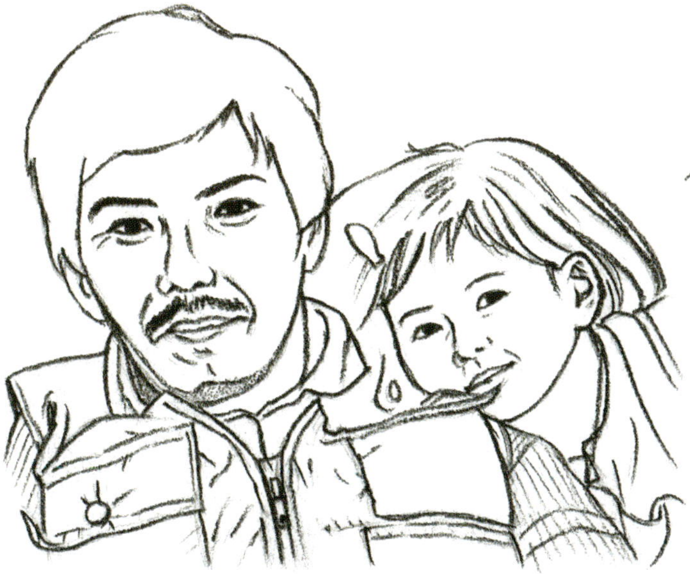

6

Effacer les traits de construction et indiquer tous les détails vestimentaires.

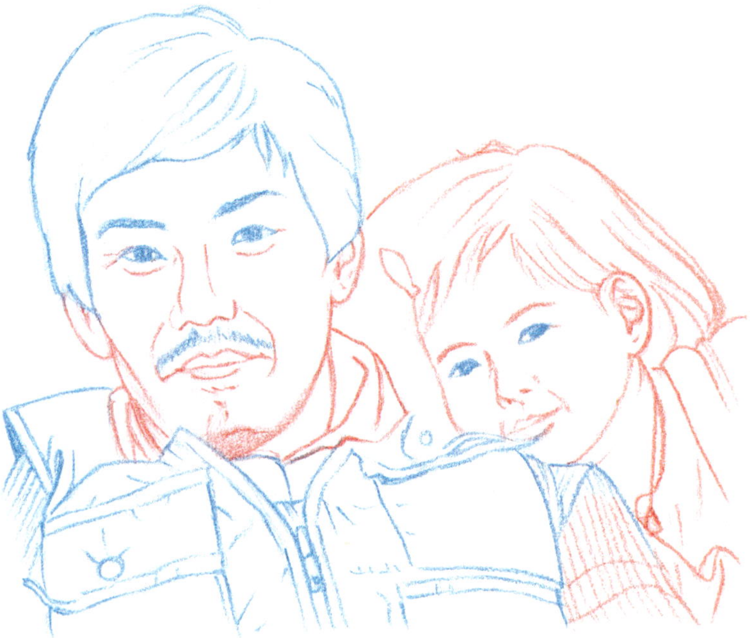

◀ 7
Reporter les contours par transparence avec des crayons bleu et rouge pour différencier les couleurs chaudes des couleurs froides.

8 ▶
Laisser en réserve les parties très brillantes et poser sur les visages un mélange d'ocre jaune et de terre de Sienne en s'éloignant progressivement des zones les plus lumineuses.

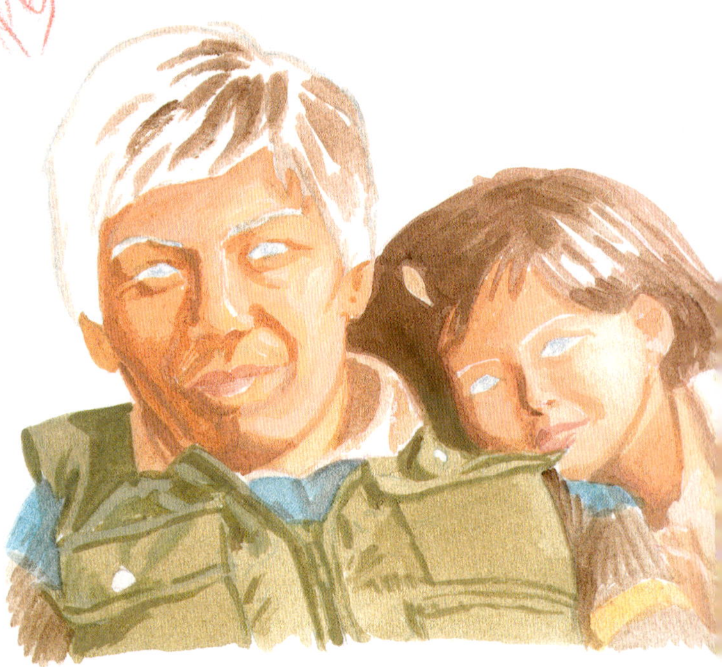

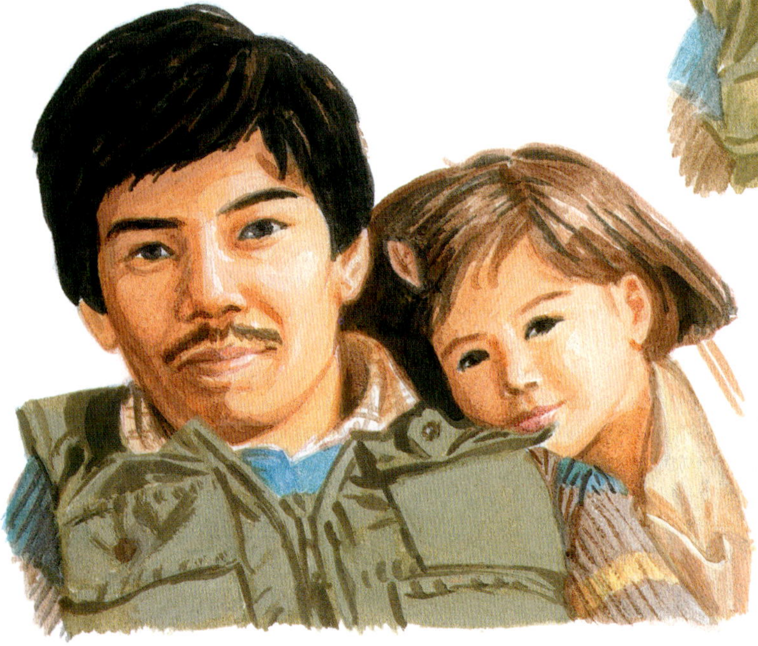

◀ 9
Souligner les volumes avec de la terre d'ombre et peindre les cheveux et les vêtements.

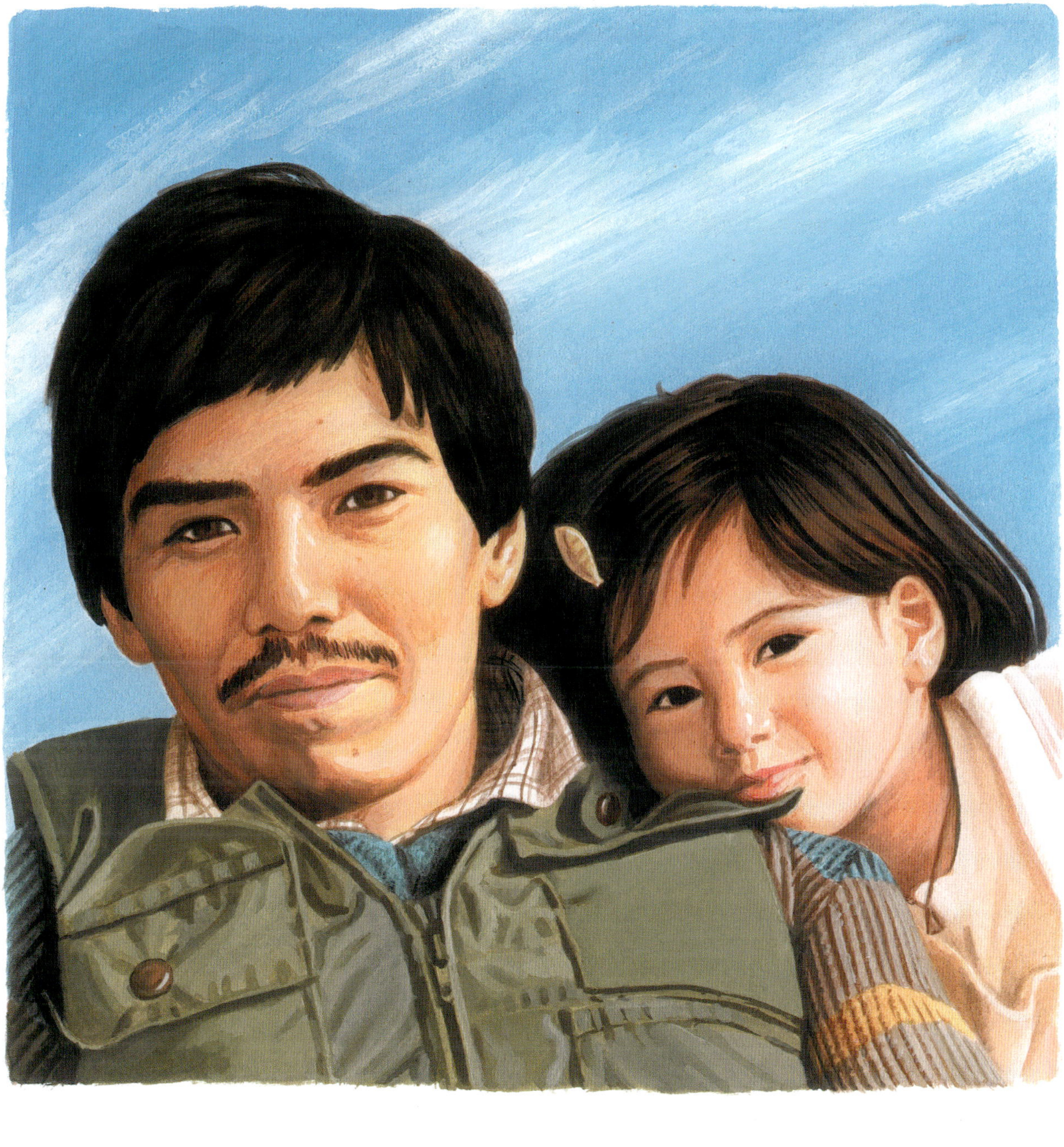

▲ 10 Composition finale.
Pousser le contraste des vêtements en rehaussant les parties éclairées et en fonçant les ombres. Peindre le bleu du ciel tout autour des personnages. Avant qu'il ne sèche, poser des traînées blanches en faisant attention à ne pas tacher les personnages. Au besoin, retoucher le bord avec un pinceau fin chargé de noir.

Aux Éditions Fleurus

L'atelier du débutant
1. Aquarelle
2. Pastel
3. Dessin
4. Peinture à l'huile

Les clés de...
1. L'aquarelle
2. La peinture à l'huile
3. Dessin : crayon, encre, fusain, feutre
4. La peinture de paysage
5. Fleurs à l'aquarelle
6. Portrait : huile, aquarelle, pastel, dessin
7. Nature morte : huile, aquarelle, pastel
8. Le corps humain : étude du nu
9. Les animaux

Pratique des arts
1. L'aquarelle
2. La peinture à l'huile
3. Le pastel
4. L'acrylique
5. Le dessin
6. La sculpture

Hors collection
Créez et composez
votre carnet de voyages

Merci à Bertrand Mussotte pour les photos des pages 16, 42 et 44 ; à Paul Edwards pour la photo de la page 50 ; à Dominique Santrot pour la photo de la page 26 ; et à tous ceux qui ont bien voulu nous prêter leurs photographies !

Merci aussi aux modèles : Marie, Christophe, Olivia, Mario, Clémence, Caroline, Ilan, Frédérique, Guillaume, Camille, Hideki et Keiko.

Loi n° 49-956 du 16 juillet 1949 sur les publications destinées à la jeunesse.

Direction éditoriale : Christophe Savouré
Édition : Guillaume Pô
Direction artistique : Danielle Capellazzi
assistée d'Armelle Riva
Fabrication : Annie-Laurie Clément
Conception graphique et réalisation : Filigrane

Dépôt légal : octobre 2002
Photogravure : Chesteroc
Imprimé en Italie par Canale
ISBN : 2-215-07185-0
1re édition. N° d'édition : 93372